Cahier d'activités

accompagnant l'ouvrage Recueil de lecture

3ᵉ année

Rédaction	:	Michel Bilodeau
		Christine Côté
		Régine D'Amours-Bissonnette
Coordonnatrice du projet	:	Céline Renaud-Charrette
Conception graphique et couverture	:	Jo-Anne Labelle
Mise en page	:	Marie-Josée Hotte

Le ministère de l'Éducation de l'Ontario a fourni une aide financière pour la réalisation de ce projet. Cet apport financier ne doit pas pour autant être perçu comme une approbation ministérielle pour l'utilisation du matériel produit. Cette publication n'engage que l'opinion de ses auteures et auteurs, laquelle ne représente pas nécessairement celle du Ministère.

ISBN 2-89581-059-1
Dépôt légal — deuxième trimestre 2003
Bibliothèque nationale du Canada

3e année

Table des matières

Préambule

Ce recueil présente aux enseignantes et aux enseignants des modèles variés de questions et de tâches à proposer aux élèves de 3e année pour exploiter les textes du *Recueil de lecture*. Ces questions et ces tâches permettront aux élèves de développer des compétences en lecture.

Les questions et les tâches sont classées selon les quatre compétences du curriculum de français : le raisonnement, la communication, l'organisation des idées et le respect des conventions linguistiques. De plus, des pistes sont proposées pour offrir aux élèves des défis en écriture et à l'oral. Enfin, des gabarits de préécriture peuvent être imprimés dans le but de structurer la tâche à cette étape du processus d'écriture concernant ces différents types de textes.

Le matériel est disponible en deux formats : imprimé et électronique. Le format imprimé permet de voir l'ensemble des questions et des tâches proposées pour chaque texte. Si l'on reproduit ces documents, il est possible de cocher la case devant les questions et les tâches que l'on aura sélectionnées en vue de les soumettre aux élèves. La copie deviendra une feuille de route pour guider l'élève. Elle ou il effectuera le travail dans un cahier, à l'ordinateur ou autrement, selon le cas.

La version électronique est interactive. Elle permet aux enseignantes ou aux enseignants de naviguer dans la banque de questions et de tâches pour en sélectionner, selon leurs besoins, à l'écran. Elles et ils impriment alors des feuilles de route personnalisées pour leurs élèves. Il est possible d'ajouter de nouvelles questions à cette banque. De plus, des liens entre les textes de type semblable dans les autres années d'études permettent aux enseignantes ou aux enseignants d'exploiter aussi ces ressources.

Version électronique

Pour illustrer les possibilités d'exploitation de la version électronique de cet outil, voici quatre feuilles de route différentes produites par le logiciel. Pour un même texte, mais avec des intentions différentes, les choix faits par l'enseignant ou l'enseignante peuvent donner des résultats semblables à ceux énumérés ci-dessous.

Exemple 1

Feuille de route – Élève A

Le voyage de Jean
Pages 116 et 117

☐ Encercle la bonne réponse.

Jean est fâché contre sa maman

a) parce qu'elle veut qu'il range sa chambre.

b) parce qu'elle n'est pas gentille.

c) parce qu'elle ne veut pas lui acheter un jouet.

☐ Quelles tâches la géante demande-t-elle aux enfants de faire? Encercle les bonnes réponses.

a) faire leur lit

b) faire la vaisselle

c) ranger leurs jouets

d) faire leurs devoirs

☐ Jean est-il vraiment allé dans l'espace? Écris une phrase qui prouve ta réponse.

_____

☐ Coche (✓) la bonne réponse.

Le voyage de Jean est

☐ une recette.   ☐ un conte.

☐ une lettre.   ☐ un journal personnel.

☐ Un conte est un récit réel ou imaginaire? Explique ta réponse.

_____
_____
_____

☐ Écris les phrases ci-dessous à la forme négative.

a) Jean part à la recherche d'une autre maman.

_____

b) Il construit un vaisseau et part visiter d'autres planètes.

_____

c) Maman demande à Jean de ranger sa chambre.

_____

☐ Écris des phrases en replaçant l'ordre des mots. N'oublie pas les majuscules et les points.

a) l'aime / Jean / que sa mère / pense / plus / ne /

b) Il / soudain / trouve / géant. / chez / le / se

Exemple 2

Feuille de route – Élève B (modification de programme)

Le voyage de Jean
Pages 116 et 117

☐ Encercle la bonne réponse.

Jean est fâché contre sa maman

a) parce qu'elle veut qu'il range sa chambre.

b) parce qu'elle n'est pas gentille.

c) parce qu'elle ne veut pas lui acheter un jouet.

☐ Quelles tâches la géante demande-t-elle aux enfants de faire? Encercle les bonnes réponses.

a) faire leur lit

b) faire la vaisselle

c) ranger leurs jouets

d) faire leurs devoirs

☐ Quelle est l'idée principale de ce conte? Encercle la bonne réponse.

a) C'est normal de se fâcher contre sa maman.

b) Jean fait un drôle de rêve.

c) Toutes les mamans sont pareilles.

☐ Pourquoi Jean range-t-il ses jouets quand il se réveille?

_____
_____

☐ À la fin, Jean pense qu'il est chanceux. Quand penses-tu?

_____
_____

☐ Selon l'ordre de présentation dans le conte, nomme :

a) les lieux que Jean a visités.

_____
_____

b) les personnages qu'il a rencontrés.

_____
_____

Exemple 3

Feuille de route – Communication et tâches d'écriture

Le voyage de Jean
Pages 116 et 117

☐ Quels sont les sentiments que Jean éprouve au début, au milieu et à la fin du conte?

_____

_____

☐ À la fin, Jean pense qu'il est chanceux. Quand penses-tu?

_____

_____

☐ Dans quel état est ta chambre? Selon toi, est-elle plus à l'ordre que celle de Jean? Raconte.

_____

_____

☐ Écris un conte au sujet d'un extraterrestre que Jean a rencontré sur la planète violette ou orange. Écris-le sous forme d'un petit livre avec de belles illustrations.

☐ Écris une petite lettre à la maman de Jean pour lui expliquer pourquoi Jean est fâché.

☐ Écris une autre fin à l'histoire de Jean.

Exemple 4

Feuille de route – Tâche d'évaluation

Le voyage de Jean
Pages 116 et 117

☐ Encercle la bonne réponse.
Jean est fâché contre sa maman
a) parce qu'elle veut qu'il range sa chambre.
b) parce qu'elle n'est pas gentille.
c) parce qu'elle ne veut pas lui acheter un jouet.

☐ Quelles tâches la géante demande-t-elle aux enfants de faire? Encercle les bonnes réponses.
a) faire leur lit
b) faire la vaisselle
c) ranger leurs jouets
d) faire leurs devoirs

☐ Quelle est l'idée principale de ce conte? Encercle la bonne réponse.
a) C'est normal de se fâcher contre sa maman.
b) Jean fait un drôle de rêve.
c) Toutes les mamans sont pareilles.

☐ J'ai lu ce conte et c'est tout mêlé dans ma tête. Peux-tu m'aider à tout remettre en ordre?
Mets les phrases en ordre, en les numérotant de 1 à 6.

_____ En cachette, il se construit un vaisseau spatial et il part sans le dire à personne.

_____ Il arrête sur une planète où les personnes sont toutes habillées en violet.

_____ Jean est content que ce n'était qu'un rêve.

_____ Jean pense que sa maman ne l'aime plus, elle lui refuse tout ce qu'il demande.

_____ Après le repas, la géante demande à ses enfants de faire la vaisselle et de ranger leurs jouets.

_____ Il regarde les étoiles et il se demande quelles sortes de personnes y vivent.

☐ Coche (✓) la bonne réponse.
Le voyage de Jean est
☐ une recette.   ☐ un conte.
☐ une lettre.   ☐ un journal personnel.

Acrostiche

RAISONNEMENT – Questions à répondre à l'aide des idées du texte.

☐ D'après l'auteure, qu'est-ce qu'on **échange**? _____

qu'est-ce qu'on **partage**? _____

qu'est-ce qu'on **offre**? _____

☐ Que veut dire «**nouer** une amitié»? Coche (✓) la bonne réponse.

Nouer une amitié veut dire :

____ abandonner une amitié.

____ créer une amitié.

____ attacher une amitié.

☐ Explique, en tes propres mots, l'expression **Ressortir gagnant**.

_____

_____

_____

☐ Relie par un trait chaque verbe au nom qui le complète.

Ouvrir   ses forces

Imaginer   une amitié

Nouer   des jeux

Combiner   son cœur

Organiser   des solutions

COMMUNICATION – Questions à répondre à l'aide des idées du texte et des connaissances et expériences personnelles.

☐ a) À ton avis, quelle est la chose la plus importante si on veut travailler en harmonie dans un groupe?

_____

_____

b) Comment te sens-tu quand il existe un désaccord entre toi et tes camarades? Que fais-tu dans ces moments-là?

_____

_____

_____

☐ Qui doit ouvrir son cœur quand on vit ou travaille avec les autres?

_____

_____

☐ Qu'arrive-t-il lorsqu'il y a coopération dans un groupe? Quel en est habituellement le résultat?

_____

_____

_____

ORGANISATION DES IDÉES – Questions pour montrer la compréhension de l'organisation du texte.

☐ a) Quel est le thème de l'acrostiche?

_____

b) Où l'as-tu trouvé?

_____

☐ Quels sont les indices qui nous disent que c'est un acrostiche?

_____

_____

☐ a) À quel autre genre de texte l'acrostiche te fait-il penser? Encercle la bonne réponse.

une invitation   un poème   une devinette

b) Nomme une chose qui est pareille dans les deux genres de texte.

_____

c) Nomme une chose différente. _____

RESPECT DES CONVENTIONS LINGUISTIQUES – Questions pour montrer la compréhension des conventions linguistiques apprises.

☐ Trouve des mots de la même famille que les mots ci-dessous. Utilise ton dictionnaire, si nécessaire.

a) **travailler** : _____

_____

b) **imaginer** : _____

_____

c) **gagnant** : _____

_____

d) **amitié** : _____

_____

☐ Dans l'expression «Atteindre des buts **communs**», l'adjectif **communs** s'accorde en genre et en nombre avec le nom **buts** (masculin pluriel).

Complète les expressions ci-dessous en soulignant l'adjectif qui convient.

a) échanger des (bonne – bons – bonnes) idées

b) imaginer des solutions (intéressantes – intéressante – intéressants)

c) nouer une (grand – grandes – grande) amitié

☐ Conjugue les verbes à l'indicatif présent. Fais l'accord de chaque verbe avec son sujet.

a) Nous _____ nos forces pour réussir.
(combiner)

b) Ces parents _____ beaucoup de leur temps avec leurs enfants.
(partager)

c) Vous _____ des idées sur ce projet.
(échanger)

d) Je _____ toujours en harmonie avec cette amie.
(travailler)

e) Les élèves _____ des solutions pour régler les conflits.
(imaginer)

f) Ma mère _____ une amitié avec madame Fortier, la voisine.
(nouer)

g) Est-ce que tu _____ des jeux avec tes camarades?
(organiser)

ÉCRITURE (tâches ouvertes)

☐ Compose un acrostiche sur un thème important qui pourrait aider au bon fonctionnement du groupe-classe. Lance une invitation demandant aux élèves de ta classe d'y participer. Publiez ensuite les meilleurs acrostiches dans le journal de l'école.

☐ Écris une liste d'exemples de coopération qui pourraient faciliter le bon fonctionnement, l'harmonie dans ton école. Illustre-les; tu peux le faire sur des transparents, si tu le désires. Présente-les aux élèves des autres classes.

☐ En équipe, découpez dans le journal les lettres du nom de votre école. Collez ces lettres de façon espacée sur un carton ou sur une grande feuille de papier. Dans le journal ou dans un magazine, trouvez une illustration qui représente un mot commençant avec chacune des lettres. Découpez ces illustrations et collez-les près de chacune des lettres. Exposez votre travail.

☐ Fais un sondage auprès des élèves des autres classes de l'école afin de trouver des activités qui favoriseraient une meilleure coopération entre les élèves de l'école. Présente les activités les plus populaires à la direction de l'école.

☐ En équipe, participe à une discussion au sujet d'un projet de classe. Demande à un ou une élève de filmer la discussion. Visionnez la bande vidéo ensemble et faites-en la critique. La discussion était-elle harmonieuse? Quels étaient les points forts? les points faibles?

☐ Selon toi, est-ce que l'auteure a bien décrit ce qu'est la coopération? Explique ta réponse.

_____

_____

_____

_____

☐ En équipe, faites des petites saynètes qui présentent différentes situations de bonne entente et de partage.

Maman/Papa
Page 106

RAISONNEMENT – Questions à répondre à l'aide des idées du texte.

☐ Énumère les qualités de la maman.

_____

_____

☐ Que veut dire la phrase : «Nulle autre personne n'égale ma maman.»?

_____

_____

☐ Qu'est-ce que l'auteure de cet acrostiche dit à son papa?

_____

_____

☐ Selon toi, quelle est la saison représentée sur l'illustration du papa et de la petite fille? Explique ta réponse.

_____

_____

COMMUNICATION – Questions à répondre à l'aide des idées du texte et des connaissances et expériences personnelles.

☐ Aimerais-tu donner un acrostiche semblable à tes parents? Pourquoi?

_____

_____

_____

☐ Choisis deux qualités que ton papa ou ta maman possède parmi celles énumérées ci-dessous. Explique pourquoi tu dis que ton parent a ces qualités.

spécial/spéciale, affectueux/affectueuse, doux/douce,
unique, aimable, patient/patiente, gentil/gentille

Qualités	Pourquoi dis-tu que ton parent a ces qualités?

☐ Comment décrirais-tu une maman patiente ou un papa patient? Donne un exemple.

_____

_____

☐ a) Avec ton équipe, prépare une liste d'occasions appropriées au cours de l'année pour offrir un acrostiche intitulé *Maman* ou *Papa*.

b) Combien d'occasions avez-vous trouvées en tout? _____

c) Ton équipe a-t-elle trouvé une occasion à laquelle aucune autre équipe n'a pensé? Nomme-la.

_____

ORGANISATION DES IDÉES – Questions pour montrer la compréhension de l'organisation du texte.

☐ Si le mot acrostiche n'avait pas été écrit dans le haut de la page, comment aurais-tu fait pour savoir qu'il s'agissait de ce type de texte?

_____

_____

☐ Trouves-tu que les illustrations conviennent aux deux acrostiches que tu as lus? Explique ton choix.

_____

_____

_____

☐ Voici d'autres lignes que l'auteure des deux acrostiches aurait pu écrire.

Pour chacune, écris **P** (pour l'acrostiche **Papa**) ou **M** (pour l'acrostiche **Maman**). Attention, une des lignes pourrait convenir aux deux acrostiches!

• **A**musante et disponible   _____

• **P**ropre et soigné   _____

• **A**imable et serviable   _____

• **A**ffectueux et taquin   _____

• **M**aternelle et délicate   _____

RESPECT DES CONVENTIONS LINGUISTIQUES – Questions pour montrer la compréhension des conventions linguistiques apprises.

☐ Trouve le nombre de syllabes dans les mots suivants :

Affectueuse   _____ syllabes

Aimable   _____ syllabes

Personne   _____ syllabes

Petit   _____ syllabes

☐ Complète le tableau. Trouve le masculin ou le féminin des adjectifs qualificatifs.

Masculin	Féminin
	spéciale
patient	
taquin	
	amusante

☐ Complète la règle suivante :

La plupart des adjectifs qualificatifs forment leur féminin en _____

_____

☐ Trouve deux mots de la même famille, dans l'acrostiche **Papa**.

_____   _____

☐ Trouve trois mots dans l'acrostiche **Papa** qui ont le son **è**. Le son peut être écrit de différentes façons. Souligne le son **è** dans chaque mot.

_____   _____   _____

ÉCRITURE (tâches ouvertes)

☐ Pour la Saint-Valentin, écris un acrostiche pour ton meilleur ami ou ta meilleure amie en utilisant le mot **AMITIÉ**.

☐ Votre enseignant ou enseignante vous demande de faire des cartes pour les parents bénévoles qui aident votre classe pendant l'année scolaire. En équipe, composez des acrostiches avec le mot **MERCI**. Ces acrostiches seront écrits à l'intérieur des cartes.

COMMUNICATION ORALE (tâches ouvertes)

☐ Lis un acrostiche à l'interphone de la radio scolaire.

☐ Votre école organise un spectacle. à cette occasion, des élèves réciteront des poèmes ou des courts textes pendant les intermèdes. Prépare-toi à réciter un acrostiche en utilisant le bon débit et la bonne intonation.

Des phrases et des mots
Pages 107 et 108

RAISONNEMENT – Questions à répondre à l'aide des idées du texte.

☐ Quel est le titre de l'acrostiche qui va avec l'illustration? Encercle-le.

a) PHRASE

b) PAUL

c) CÉLINE

d) ÉLISE

☐ Le titre des acrostiches est *Des phrases et des mots*.

Parmi les douze acrostiches, lesquels forment des phrases? Lesquels ne forment pas des phrases? Écris leur titre dans le tableau.

Acrostiches qui forment des phrases	Acrostiches qui ne forment pas des phrases

☐ Quels acrostiches pourraient servir à décrire des personnes?

_____

☐ Trouve dans les acrostiches tous les noms de personnes.

Nom de personnes – (masculin)	Nom de personnes – (féminin)

18

☐ Parmi les douze acrostiches présentés, lequel préfères-tu? Dis pourquoi.

_____

_____

Illustre-le.

_____

☐ Quel acrostiche aimes-tu le moins? Pourquoi?

_____

_____

ORGANISATION DES IDÉES – Questions pour montrer la compréhension de l'organisation du texte.

☐ Encercle la bonne réponse. Les douze textes sont des

a) poèmes.

b) acrostiches.

c) recettes.

d) récits.

☐ Quelles sont les caractéristiques d'un acrostiche?

_____

_____

☐ Pourquoi les acrostiches sont-ils disposés à la verticale (debout) ?

_____

_____

☐ Coche (✓) la bonne réponse.

Dans un acrostiche chaque ligne débute par

___ une lettre minuscule.

___ une lettre majuscule.

☐ Choisis parmi les textes qui suivent celui qui irait bien pour un acrostiche intitulé **VERBE**.

Coche (✓) la meilleure réponse.

☐ Texte A	☐ Texte B	☐ Texte C
V ictor	**V** if	**V** ider
E rnest	**E** nfantin	**E** ffacer
R osalie	**R** ude	**R** egarder
B ertha	**B** on	**B** ouger
E stelle	**E** ffronté	**E** nlever

☐ Encercle la bonne réponse.

Les mots de l'acrostiche NOM sont des :

a) adjectifs.

b) verbes.

c) noms.

☐ Les mots que l'on retrouve dans les deux acrostiches **ADJECTIF** sont des

_____.

☐ Trouve une nouvelle fin aux deux acrostiches **PHRASE** en changeant les trois derniers mots pour des mots différents.

_____

_____

☐ Pourquoi certains acrostiches ont-ils un point à la fin (p. ex., **CÉLINE** et **PHRASE**)?

_____

_____

☐ Quel acrostiche contient seulement des verbes? Encercle la bonne réponse.

   a) **CÉLINE**

   b) **VERBE**

   c) **TABLE**

☐ Transforme quatre des acrostiches en phrases interrogatives. Utilise correctement l'expression **est-ce que** pour interroger.

☐ Les verbes qui se terminent en **er** à l'infinitif présent (p. ex., aim**er**, chant**er**) sont des verbes qui appartiennent au **premier groupe**.

   a) Observe l'acrostiche **VERBE**. Quel verbe dans cet acrostiche n'appartient pas au premier groupe? Pourquoi?

_____

_____

   b) Choisis deux verbes du premier groupe dans l'acrostiche **VERBE**. Utilise chaque verbe dans une phrase au présent de l'indicatif.

_____

_____

ÉCRITURE (tâches ouvertes)

☐ Invente un acrostiche pour une invitation à une fête à partir du mot **FÊTE** ou **ANNIVERSAIRE** ou **INVITATION** ou à partir d'un autre mot de ton choix. Ton acrostiche peut être une phrase ou une série de mots se rapportant au mot clé choisi. Illustre ton acrostiche.

☐ Invente un acrostiche avec ton nom ou avec le nom d'un ami ou d'une amie.

☐ Fais un acrostiche à partir du mot **TABLE** autre que **T**out **A**utour **B**ougent **L**es **E**nfants. (p. ex., **T**rois **A**mis **B**avardent **L**onguement **E**nsemble.) Illustre-le.

COMMUNICATION ORALE (tâches ouvertes)

☐ Présente un ou deux acrostiches que tu as illustrés.

☐ Prépare un acrostiche sur une affiche et présente-le à la classe. Explique ton choix du mot clé.

☐ Évalue différents acrostiches de tes camarades en donnant ton opinion.

Fiche de planification du dossier d'écriture

Je rédige un acrostiche à partir du thème ou du mot clé suivant :

_____.

Lettre	Banque de mots qui commencent avec cette lettre	Mon choix de mots

✓ Je rédige mon acrostiche à l'aide de mon choix de mots.

✓ J'écris mon mot clé en lettres majuscules dans le sens vertical.

Soupe populaire
Page 109

RAISONNEMENT – Questions à répondre à l'aide des idées du texte.

☐ Que veut dire le mot **acheminés** dans la phrase «Tous les profits seront **acheminés** à la soupe populaire.»?

_____

☐ Pourquoi la compagnie s'appelle-t-elle *Muffins abc*?

_____

_____

☐ L'affiche dit : «Aidez-nous à aider les autres». Comment le fait d'acheter des muffins aidera-t-il les autres?

_____

_____

COMMUNICATION – Questions à répondre à l'aide des idées du texte et des connaissances et expériences personnelles.

☐ Si la compagnie *Muffins abc* décide d'ajouter d'autres sortes de muffins à son choix actuel, quelles sortes de muffins devra-t-elle choisir? Coche (✓) les réponses possibles.

☐ ananas

☐ fraises

☐ chocolat

☐ blé

☐ baies sauvages

☐ poires

Explique ton choix.

_____

_____

☐ Une soupe populaire est un endroit où les personnes défavorisées peuvent avoir un repas gratuit. Connais-tu d'autres moyens d'aider ces personnes? Explique ta réponse.

_____

_____

_____

☐ Qu'est-ce que tu changerais à cette affiche, si tu voulais l'améliorer?

_____

_____

_____

☐ Classe les sortes de muffins dans la bonne colonne.

bananes   carottes   avoine   canneberges   bleuets
abricots   brocoli   fraises   blé

Fruits	Légumes	Autres

☐ Quels sont tes muffins préférés? Que renferment-ils?

_____ : _____

_____ : _____

ORGANISATION DES IDÉES – Questions pour montrer la compréhension de l'organisation du texte.

☐ Coche (✓) la bonne réponse.

Ce texte est :

☐ une recette.

☐ une lettre.

☐ une affiche.

☐ un journal personnel.

☐ Pourquoi certaines phrases sont-elles écrites en gros caractères?

_____

_____

_____

☐ Énumère les caractéristiques d'une affiche.

_____

_____

_____

RESPECT DES CONVENTIONS LINGUISTIQUES – Questions pour montrer la compréhension des conventions linguistiques apprises.

☐ Pourquoi le nom *Muffins* débute-t-il par une majuscule?

_____

☐ Ajoute les majuscules et les signes de ponctuation (points, virgules, etc.) nécessaires dans le texte suivant :

les muffins aux framboises sont bons mais je préfère ceux aux bleuets je mange un muffin tous les jours j'aime bien boire du lait en même temps quand je vais à l'épicerie avec maman c'est moi qui choisis les muffins les muffins c'est vraiment délicieux toi aimes-tu les muffins

☐ Mets le bon homophone **à**, **a** ou **as** dans les phrases suivantes :

a) Aidez-nous _____ aider les autres.

b) Josée n'_____ pas le temps de jouer dehors.

c) Ici, il y _____ plusieurs choses _____ voir.

d) Lucie _____ aidé son père _____ ramasser les feuilles.

e) Tu _____ un bon muffin pour déjeuner.

☐ Mets les phrases au singulier. Fais les accords nécessaires.
Exemple : De grosses vagues s'écrasent sur la plage.
Une grosse vague s'écrase sur la plage.

a) Les muffins sont petits. _____

b) Les arbres sont grands. _____

c) Les autos neuves roulent vite. _____

d) Les filles sont joyeuses. _____

ÉCRITURE (tâches ouvertes)

☐ Prépare une affiche pour annoncer une vente-débarras chez toi.

☐ En équipe, préparez une affiche pour annoncer une vente de pâtisseries organisée par la classe.

☐ Fais la fiche descriptive des ingrédients d'une sorte de muffins produits par la compagnie *Muffins abc*, au cas où quelqu'un ayant des allergies la demanderait.

☐ Écris la recette de tes muffins préférés. Si cela est possible, organise une dégustation pour tes camarades de classe.

COMMUNICATION ORALE (tâches ouvertes)

☐ Présente aux élèves, l'affiche pour annoncer la vente de pâtisseries organisée par la classe. Explique le choix des diverses grosseurs de caractères, les couleurs utilisées, etc.

☐ Invente un slogan accrocheur pour mettre sur l'une de tes affiches.

La capitale nationale et sa région...
Page 110

RAISONNEMENT – Questions à répondre à l'aide des idées du texte.

☐ Sous quel aspect, l'auteure de cette affiche a-t-elle décidé de présenter la capitale nationale?

_____

_____

☐ Que veut dire :

est à l'honneur? _____

sillonne? _____

rare beauté? _____

colline parlementaire? _____

sentiers colorés? _____

☐ Dans quel parc sont situés les sentiers dont parle l'affiche?

_____

COMMUNICATION – Questions à répondre à l'aide des idées du texte et des connaissances et expériences personnelles.

☐ De quelle capitale est-il question dans l'affiche? _____

Donne le nom de cette ville. _____

Comment l'as-tu trouvé? _____

☐ L'affiche présente : «Un anniversaire sur la colline parlementaire». De quelle fête nationale s'agit-il? _____

Explique comment tu as trouvé la réponse. _____

_____

☐ En équipe, faites une recherche dans des ressources imprimées (p. ex., guides touristiques) ou dans Internet pour découvrir l'événement célébré dans la capitale nationale qui est représenté à chacune des saisons.

Printemps : _____

Été : _____

Automne : _____

Hiver : _____

☐ De quel canal est-il question dans l'affiche? Fais une recherche à ce sujet et communique les renseignements recueillis à tes camarades.

_____

_____

ORGANISATION DES IDÉES – Questions pour montrer la compréhension de l'organisation du texte.

☐ Est-ce que cette affiche rencontre les caractéristiques d'une bonne affiche? Nomme-les.

_____

_____

☐ Quelles sont les différences et les ressemblances entre une annonce et une affiche? Va à la recherche d'une affiche et d'une annonce et compare-les. Note les ressemblances et les différences dans un tableau.

Ressemblances	Différences

☐ Quel est le slogan de l'affiche? Encercle les deux mots qui riment.

_____

_____

☐ En te basant sur les illustrations et les saisons représentées, écris quatre phrases qui pourraient remplacer celles de l'affiche.

Printemps : _____

Été : _____

Automne : _____

Hiver : _____

☐ Relie les phrases à la bonne saison.

a)   été   Les pommiers sont remplis de bourgeons.

b)   automne   Ce matin, la température est de -10° C.

c)   printemps   Mon râteau s'est brisé en ratissant les feuilles.

d)   hiver   Je me baigne tous les matins dans le lac.

RESPECT DES CONVENTIONS LINGUISTIQUES – Questions pour montrer la compréhension des conventions linguistiques apprises.

☐ Trouve dans l'affiche un mot qui rime avec

péd**ale** : _____

c**œur** : _____

chant**er** : _____

biz**arre** : _____

m**aire** : _____

pat**ine** : _____

☐ Mets le bon article (le, la, les, l') devant le nom. Écris aussi le genre et le nombre du déterminant et du nom.

Exemple : **l'**horloge (féminin singulier)

_____ printemps (_____)

_____ été (_____)

_____ automne (_____)

_____ hiver (_____)

☐ «Que de fleurs!» est une phrase exclamative. C'est pourquoi elle se termine par un point d'exclamation (!). On utilise cette ponctuation pour exprimer des sentiments de joie, de peur, etc. Souvent, la phrase exclamative ne contient pas de verbe.

Écris trois phrases à la forme exclamative. N'oublie pas la majuscule et la bonne ponctuation.

_____

_____

_____

ÉCRITURE (tâches ouvertes)

☐ Crée une affiche pour annoncer un événement important à l'école.

☐ Fais une liste de renseignements sur ta ville et ses environs : les parcs, les services de santé, les loisirs, les festivals et autres.

☐ Fais une affiche pour annoncer le carnaval de ton école ou de ta ville.

☐ Fais une affiche pour présenter les quatre saisons.

☐ Fais une recherche dans Internet te permettant de faire la liste

a) des capitales des provinces et des territoires du Canada

b) des parcs canadiens (deux pour chaque province et territoire).

☐ En équipe, fais le plan du quartier où se trouve ton école. Utilise une légende.

☐ Rédige un acrostiche à partir du nom de ta ville afin de la faire connaître aux camarades.

☐ Crée une affiche qui présente les attraits majeurs de ta ville. Utilise le slogan de ta ville, s'il y a lieu, ou inventes-en un tout à fait original.

COMMUNICATION ORALE (tâches ouvertes)

☐ Pars à la recherche d'une affiche qui démontre les caractéristiques d'une bonne affiche. Présente-la à la classe en expliquant ces caractéristiques. L'élève qui aura trouvé l'affiche jugée la plus réussie aura sa photo publiée dans le journal de l'école ou affichée sur le babillard de la classe.

☐ Visite les corridors de l'école et compte le nombre d'affiches présentes. En équipe, estimez leur dimension. Vérifiez ensuite leur grandeur exacte en les mesurant.

LA CAPITALE NATIONALE ET SA RÉGION...

Que de fleurs! La tulipe est à l'honneur.   Un anniversaire sur la colline parlementaire?

La glace du canal sillonne la Capitale...   Des sentiers colorés qui sont d'une rare beauté!

UNE DÉCOUVERTE À CHAQUE SAISON!

Affiche

RAISONNEMENT – Questions à répondre à l'aide des idées du texte.

☐ De quoi parle-t-on dans ce texte? Explique ta réponse.

_____

_____

_____

☐ Que veut dire le mot **flâner**? Réécris la règle de sécurité en remplaçant ce mot par un autre mot qui démontre que tu en comprends le sens.

_____

_____

☐ À quel moment de la journée te suggère-t-on de penser à ta sécurité?

_____

☐ Observe l'illustration de la troisième bulle. Explique pourquoi les enfants se sont arrêtés.

_____

_____

COMMUNICATION – Questions à répondre à l'aide des idées du texte et des connaissances et expériences personnelles.

☐ À qui s'adressent ces règles de sécurité? Explique ta réponse.

_____

_____

_____

☐ Décris ce qu'est un étranger pour toi.

_____

_____

☐ En te servant du texte et de tes connaissances, nomme quelques panneaux de signalisation ou autres signaux que tu dois respecter lorsque tu te promènes sur la rue. Illustre-les et explique-les.

☐ a)   À quoi servent les règles de sécurité?

_____

☐ b)   Que se passerait-il, si tu ne respectais pas les règles de sécurité?

_____

_____

ORGANISATION DES IDÉES – Questions pour montrer la compréhension de l'organisation du texte.

☐ De quelles façons les illustrations t'aident-elles à mieux comprendre le texte?

_____

_____

☐ Pourquoi a-t-on mis des petites bulles, à la tête des deux enfants?

_____

_____

☐ Quel est le slogan de cette affiche? Invente un autre slogan tout en respectant le thème de l'affiche.

_____

☐ Selon toi, pourquoi le slogan est-il écrit en caractères gras?

_____

_____

RESPECT DES CONVENTIONS LINGUISTIQUES – Questions pour montrer la compréhension des conventions linguistiques apprises.

☐ Remets les mots en ordre et tu découvriras une autre règle de sécurité qu'on aurait pu trouver sur l'affiche. Écris-la.

toujours	passages	pour	rue
Traverse	aux	piétons.	la

_____

_____

☐ Transforme les règles de sécurité ci-dessous en phrases à la forme négative.

a) Tu dois ignorer les chiens errants.

_____

b) Tu dois respecter la signalisation en tout temps.

_____

35

☐ Transforme cette règle de sécurité en une phrase à la forme affirmative.

Tu ne dois pas parler aux étrangers.

_____

☐ Lis la phrase : «Ignore les chiens errants.».
Explique pourquoi le mot «errants» prend un «s».

_____

_____

☐ Écris tous les verbes que tu trouveras dans cette affiche.

_____

_____

ÉCRITURE (tâches ouvertes)

☐ En équipe, préparez une affiche pour annoncer une présentation (spectacle, théâtre de marionnettes, foire, etc.) préparée par les élèves de la classe.

☐ Les élèves de l'école organisent une vente de pâtisseries avec leurs parents afin d'amasser de l'argent pour acheter des livres pour la bibliothèque de l'école. En équipe, préparez les affiches pour l'événement.

☐ Avec un ou une camarade, rédige un acrostiche à partir du mot **SÉCURITÉ**. Assure-toi que chaque ligne, respecte le thème en question.

COMMUNICATION ORALE (tâches ouvertes)

☐ Agrandis et colorie l'affiche «Pour commencer la journée du bon pied… pense à ta sécurité.» Ensuite, présente cette affiche aux élèves plus jeunes de ton école.

Pour commencer la journée du bon pied...
...pense à ta sécurité!
Marche sur le trottoir sans flâner.
Respecte la signalisation en tout temps.
Ignore les chiens errants.
Ne parle pas aux étrangers.

☐ Pense aux règles de sécurité qu'il est important de respecter à l'Halloween. En équipe, faites une affiche et présentez-la aux élèves plus jeunes de l'école.

Fiche de planification pour le dossier d'écriture

Je prépare la rédaction d'une affiche.

Je note le thème de mon affiche.	Mon affiche fera la promotion
	☐ d'un produit.
	☐ d'un événement.
	☐ autre _____ .

Je note toutes les idées et les éléments importants à inclure dans mon affiche.

Je pense à un ou à des slogans.

J'illustre mon affiche. Je fais un croquis de mon illustration au dos de cette page.

N'oublie pas : **Une image vaut souvent mille mots!**

Je réalise mon affiche en suivant mon plan.

☐ J'écris des phrases courtes, exclamatives, etc.

☐ J'utilise différentes grosseurs de caractères.

☐ J'utilise des couleurs vives, attrayantes.

La visite de Pélipoux à l'école
Pages 112 et 113

RAISONNEMENT – Questions à répondre à l'aide des idées du texte.

☐ Qui est le personnage principal de l'histoire? Comment s'appelle-t-il?

_____

☐ Comment Pélipoux arrive-t-il à se propager dans les cheveux d'une dizaine d'enfants? Justifie ta réponse.

_____

_____

☐ Les poux préfèrent-ils un type de cheveux en particulier? Justifie ta réponse.

_____

_____

☐ Pendant quelle saison se passe cette histoire? Justifie ta réponse à l'aide du texte.

_____

_____

☐ Quels sont les indices du texte qui t'indiquent que Pélipoux est fatigué après la récréation?

_____

_____

☐ Qu'est-ce qu'une lente?

_____

☐ Explique les mots et les expressions :

a) **sa vie ne tient qu'à un cheveu**

_____

_____

b) **Rapide comme l'éclair**

_____

_____

c) **Il se faufile**

_____

_____

d) **un retardataire**

_____

_____

e) **le son «ou» est à l'honneur**

_____

_____

f) **malheur à lui**

_____

_____

COMMUNICATION – Questions à répondre à l'aide des idées du texte et des connaissances et des expériences personnelles.

☐ Comment te sentirais-tu si tu découvrais un pou dans tes cheveux?

_____

☐ Crois-tu que les personnes qui attrapent des poux le font exprès? Pourquoi?

_____

_____

☐ D'après toi, pourquoi dit-on dans le dernier paragraphe que : «Pélipoux sait que sa vie ne tient qu'à un cheveu.»?

_____

_____

☐ D'après les idées du texte et tes propres idées, comment les poux font-ils pour se propager?

_____

_____

_____

☐ a) Qui a fait peur à Pélipoux? Et pourquoi?

_____

_____

b) As-tu déjà eu peur comme Pélipoux? Raconte comment cela s'est passé et illustre-le.

_____

_____

_____

☐ Qu'est-ce qui a sauvé Pélipoux à la récréation?

_____

_____

ORGANISATION DES IDÉES – Questions pour montrer la compréhension de l'organisation du texte.

☐ Écris ce qui arrive au début, au milieu et à la fin de l'histoire. Écris au moins une phrase pour chaque partie de l'histoire. Utilise l'ordinateur pour transcrire ton résumé et réviser ton texte.

Début : _____

Milieu : _____

Fin : _____

☐ Illustre comment Pélipoux se sent au début de l'histoire et à la fin de l'histoire.

☐ Remets les éléments de l'histoire en ordre en numérotant les phrases de 1 à 8.

_____ Pélipoux pond des lentes près du cuir chevelu de sa victime.

_____ Pélipoux aime tous les types de cheveux.

_____ Pélipoux s'installe dans la chevelure d'une petite fille.

_____ Pélipoux passe la récréation à se faire bousculer.

_____ Pélipoux pense qu'il est grand temps de visiter une autre classe.

_____ Pélipoux s'élance et file vers la sortie.

_____ Pélipoux est devant la classe de maternelle.

_____ Pélipoux écoute l'enseignante faire sa leçon.

☐ Peux-tu énumérer, selon l'ordre de l'histoire, les endroits de l'école que Pélipoux visite.

_____

_____

RESPECT DES CONVENTIONS LINGUISTIQUES – Questions pour montrer la compréhension des conventions linguistiques apprises.

☐ «Quel bonheur de voir que le son «ou» est à l'honneur!» Trouve dans le texte, tous les mots renfermant le son **ou**. Place-les dans l'ordre alphabétique. Encercle toutes les façons différentes d'écrire le son **ou**. Combien en as-tu trouvées? Compare ta réponse avec celle de tes camarades.

☐ Pourquoi y a-t-il autant de virgules dans la phrase : «... il aime tous les types de cheveux : les blonds, les noirs, les roux, les verts, les frisés, les gaufrés, les raides, les fins, etc.»?

_____

_____

☐ Pourquoi écrit-on Pélipoux avec une majuscule, ce n'est qu'un pou après tout? Donne d'autres exemples de noms écrits avec une majuscule.

_____

_____

☐ Les homophones sont des mots qui se prononcent de la même façon mais qui s'écrivent différemment et qui ne veulent pas dire la même chose.

Exemple : **mère**, **mer**, **maire**

Complète les phrases à l'aide des bons homophones :
à/a/as, **on/ont**, **son/sont**.

a) _____ appelle lentes, les œufs des poux.
(On/Ont)

b) Le garçon fait virevolter _____ chapeau dans les airs.
(son/sont)

c) Le enfants _____ des poux dans les cheveux.
   (on/ont)

d) Les poux _____ des insectes nuisibles.
   (son/sont)

e) Tu _____ des devoirs _____ faire ce soir.
   (a/à/as)   (a/à/as)

☐ a) Dans la phrase : «Un pou! J'ai vu un pou!», pourquoi a-t-on utilisé le point d'exclamation? _____

b) Écris deux phrases à la forme exclamative.

_____

_____

☐ Dans le texte, trouve tous les adjectifs qui décrivent les cheveux. Transcris-les.

_____

_____

☐ Réécris les phrases ci-dessous. Mets au pluriel les parties soulignées.

a) À la récréation, il décide de s'infiltrer dans la tuque d'un garçon de la deuxième année.

_____

_____

b) Il s'élance et file vers la sortie.

_____

_____

c) Il saute et s'installe dans la chevelure de la jeune fille.

_____

_____

ÉCRITURE (tâches ouvertes)

☐ Imagine que tu as attrapé des poux, comment te sens-tu? Écris tes sentiments dans ton journal personnel.

☐ En utilisant la liste des types de cheveux mentionnés dans le texte, fais un diagramme à bandes qui démontre le nombre d'élèves dans ta classe qui ont les cheveux frisés, blonds, etc. Selon les résultats obtenus, fais un diagramme de Carroll ou de Venn.

☐ Imagine que tu es Pélipoux ou un autre insecte de ton choix. Écris un conte qui raconte ton aventure.

☐ Fais une recherche afin de savoir les étapes à suivre pour se débarrasser des poux. Écris ces étapes sous forme de consignes : «Si tu as attrapé des poux...»

☐ Trouve plusieurs mots qui ont le son **ou**. Avec ces mots, compose un poème qui a le son **ou** à la fin de chaque vers.

COMMUNICATION ORALE (tâches ouvertes)

☐ Déguise-toi en Pélipoux et explique aux élèves de ta classe comment font les poux pour s'installer dans les cheveux. Fais une suite de bonds en utilisant la réflexion, la translation et la rotation. Explique tes déplacements.

☐ Rencontre un infirmier ou une infirmière, un pharmacien ou une pharmacienne dans ton milieu. Demande-lui ce qu'il faut faire pour éviter d'attraper des poux et, si on en attrape, comment s'en débarrasser. Fais une liste de choses à faire que tu présenteras à tes camarades.

☐ Fais une recherche à la bibliothèque pour trouver des livres qui parlent des poux. Choisis-en un et présente-le aux élèves plus jeunes de l'école ou aux élèves de ta classe.

☐ En équipe, choisissez quelques événements importants du conte Pélipoux et présentez-les au groupe-classe dans une courte saynète.

Le poisson-papillon
Pages 114 et 115

RAISONNEMENT – Questions à répondre à l'aide des idées du texte.

☐ Qu'est-ce que l'histoire raconte? Encercle la bonne réponse.

    a) L'histoire d'une petite fille nommée Marie-Pierre qui nage dans la mer avec les poissons.

    b) L'histoire d'un poisson nommé Barbe-Bleue et d'un écrivain du nom de Charles Perrault.

    c) L'histoire de Marie-Pierre et d'un poisson bleu qui aide les enfants qui ont peur des histoires de Barbe-Bleue.

☐ Quel est le nom de l'auteur qui a écrit le conte de Barbe-Bleue?

_____

☐ Quelle mission la fée et l'écrivain ont-ils confiée au petit poisson? Encercle la bonne réponse.

Le petit poisson doit

    a) aider les enfants à nager.

    b) aider les petits enfants qui ont peur des histoires de Barbe-Bleue.

    c) voyager sur toute la terre.

☐ Qu'a fait le petit poisson lorsqu'il a entendu parler de Marie-Pierre?

_____

☐ Pourquoi Marie-Pierre est-elle triste vers la fin de l'histoire?

_____

COMMUNICATION – Questions à répondre à l'aide des idées du texte et des connaissances et expériences personnelles.

☐ L'histoire que tu viens de lire est-elle réelle ou imaginaire? Explique ton choix.

_____

_____

_____

☐ D'après toi, et d'après ce que tu as lu dans le conte à quoi ressemblent les histoires de Barbe-Bleue?

_____

_____

☐ Dans l'histoire, le petit poisson peut se transformer en papillon. Aimerais-tu avoir le pouvoir de te transformer, toi aussi, en ton animal préféré? Quel animal choisirais-tu? Pourquoi?

_____

_____

☐ As-tu aimé cette histoire? Explique ta réponse en utilisant tes idées personnelles et celles du texte.

_____

_____

_____

☐ Quel est ton personnage préféré dans l'histoire? Dis pourquoi.

_____

_____

☐ Marie-Pierre n'aime pas l'histoire de Barbe-Bleue. Nomme une histoire que tu n'aimes pas et explique pourquoi.

_____

_____

_____

☐ Si tu avais le choix, préférerais-tu être un poisson ou un papillon? Explique ton choix.

_____

_____

☐ La fée a donné au poisson des pouvoirs spéciaux. Donne deux autres exemples de pouvoirs qu'elle aurait aussi pu lui donner.

_____   _____

ORGANISATION DES IDÉES – Questions pour montrer la compréhension de l'organisation du texte.

☐ Selon toi, le titre de l'histoire est-il bien choisi. Explique ta réponse.

_____

_____

☐ Remets l'histoire en ordre en numérotant les phrases de 1 à 5.

_____ Le poisson raconte son histoire à Marie-Pierre.

_____ Un bruit fait disparaître le poisson magique.

_____ Le papillon fait un clin d'œil à Marie-Pierre et s'envole.

_____ Marie-Pierre remonte à la surface pour respirer.

_____ Marie-Pierre plonge dans la piscine et aperçoit un poisson bleu.

☐ Coche (✓) la bonne réponse.

Le texte *Le poisson-papillon* est

☐ une recette.

☐ un conte.

☐ un poème.

☐ une petite annonce.

Justifie ta réponse en donnant deux raisons.

_____

_____

RESPECT DES CONVENTIONS LINGUISTIQUES – Questions pour montrer la compréhension des conventions linguistiques apprises.

☐ Quels noms les pronoms remplacent-ils dans les phrases ci-dessous? Utilise le texte *Le poisson-papillon* pour trouver les réponses.

a) **Elle** lui demande comment **il** a appris son nom. _____ _____

b) Si **tu** sors de l'eau, comment fais-tu pour respirer? _____

c) **Il** écrivait des contes pour enfants. _____

☐ Fais des phrases en remettant en ordre les groupes de mots.

a) et retourne vers cet étrange petit ami./ Marie-Pierre remonte/ pour reprendre son souffle/ à la surface

_____

_____

b) fait disparaître/ Le bruit de quelqu'un/ le poisson magique./ qui saute du plongeoir

_____

_____

☐ Trouve trois mots dans le texte qui ont le nombre de syllabes indiqué.

Nombre de syllabes	Mots du texte
2 syllabes	
3 syllabes	
4 syllabes	

☐ Lis le paragraphe : «Marie-Pierre remonte très rapidement à la surface pour reprendre son souffle et retourne vers cet étrange petit ami. Elle lui demande comment il a appris son nom.» Encercle tous les verbes qui sont écrits à la 3ᵉ personne de l'indicatif présent.

☐ a) Trouve dans le texte une phrase exclamative et recopie-la.

_____

_____

☐ b) Trouve dans le texte une phrase interrogative et recopie-la.

_____

_____

☐ Les homophones sont des mots qui se prononcent de la même façon mais qui s'écrivent différemment et qui ne veulent pas dire la même chose.

Exemple : **mère**, **mer**, **maire**

Complète les phrases à l'aide des bons homophones : **à/a/as**.

a) Il _____ demandé conseil _____ la plus grande fée du monde.

b) Tu _____ fait tous tes devoirs _____ l'école.

c) Mon amie _____ huit ans aujourd'hui. Toi, quel âge _____-tu?

☐ Quel est le temps du verbe dans la phrase suivante?

Marie-Pierre remonte très rapidement à la surface.

_____

☐ Conjugue le verbe **remonter** au présent de l'indicatif.

Je   _____

Tu   _____

Il ou elle   _____

Nous   _____

Vous   _____

Elles ou ils _____

☐ Fais les accords nécessaires.

Un petit poisson bleu

Des _____

Un joli papillon

Des _____

☐ Mets au singulier ces passages du texte :

Les enfants aiment avoir peur.

_____

Il écrivait des contes pour enfants.

_____

ÉCRITURE (tâches ouvertes)

☐ Fais une recherche à la bibliothèque sur un poisson ou un papillon. Prépare une courte fiche descriptive sur ses caractéristiques (longueur, grosseur, habitat, nourriture, ennemis, durée de vie, etc.).

☐ Trouve à la bibliothèque un conte écrit par Charles Perrault. Prépare une jaquette pour ce livre et présente-la à tes camarades afin de leur faire connaître ce conte.

☐ Avant d'aller se coucher, Marie-Pierre pense à cet étrange petit poisson. C'est à ce moment, qu'elle aperçoit le papillon bleu. Écris ce que Marie-Pierre a écrit dans son journal personnel, ce soir-là.

☐ En conservant le même déroulement que celui de l'histoire *Le poisson-papillon* imagine un nouveau conte en respectant les consignes suivantes :

a) Le personnage principal n'est pas Marie-Pierre, c'est un ou une autre enfant.

b) Le personnage principal n'a pas peur des histoires de Barbe-Bleue mais de celles d'un autre personnage.

c) Le personnage qui vient aider l'enfant et qui possède des pouvoirs n'est pas un poisson-papillon.

Fais tes choix en complétant le tableau.

Qui est le personnage principal?	De quelles histoires le personnage principal a-t-il peur?	Quel personnage vient aider l'enfant?	Quelle transformation le personnage qui vient en aide subira-t-il?

COMMUNICATION ORALE (tâches ouvertes)

☐ Raconte aux élèves de ton équipe l'histoire que tu as imaginée plus tôt en te basant sur le déroulement du conte *Le poisson-papillon*. Réfère-toi au tableau que tu as rempli.

☐ Trouve à la bibliothèque un conte écrit par Charles Perrault ou un autre conte de ton choix. Fais la lecture de ce conte à des élèves plus jeunes de ton école.

☐ En petite équipe, présentez dans une courte saynète un conte de Charles Perrault ou un autre conte de votre choix.

☐ Avec un ou une partenaire, prépare et présente la conversation entre Marie-Pierre et le poisson bleu, dans la première partie du conte. Porte une attention toute spéciale à ton intonation, tout particulièrement aux phrases interrogatives.

☐ En équipe, visionne la bande vidéo d'un conte et fais-en l'appréciation sous forme de tableau.

Qui? (personnages)	**Où?** (lieux)	**Quand?** (temps)

Début (événement important - problème) :

Milieu (divers événements) :

Fin :

Présente ton évaluation au groupe-classe.

Le voyage de Jean
Pages 116 et 117

RAISONNEMENT – Questions à répondre à l'aide des idées du texte.

☐ Avant de lire l'histoire, observe le titre et les illustrations. Selon toi, de quoi sera-t-il question dans cette histoire?

_____

_____

☐ Encercle la bonne réponse.

Jean est fâché contre sa maman

a) parce qu'elle veut qu'il range sa chambre.

b) parce qu'elle n'est pas gentille.

c) parce qu'elle ne veut pas lui acheter un jouet.

☐ Que construit Jean? Est-ce qu'il a eu beaucoup d'aide? Quels mots du texte prouvent ta réponse? _____

_____

_____

☐ Explique les mots **ribambelle** et **gigantesque** dans la phrase suivante :

«Une **ribambelle** d'enfants entrent et s'assoient à la table **gigantesque**»?

_____

_____

☐ Quelles tâches la géante demande-t-elle aux enfants de faire? Encercle les bonnes réponses.

a) faire leur lit

b) faire la vaisselle

c) ranger leurs jouets

d) faire leurs devoirs

☐ Quelle est l'idée principale de ce conte? Encercle la bonne réponse.

a) C'est normal de se fâcher contre sa maman.

b) Jean fait un drôle de rêve.

c) Toutes les mamans sont pareilles.

☐ Relie par un trait la planète aux personnages qu'on y trouve :

la Terre   une fille et sa maman

la planète violette   une famille de géants

la planète orange   Jean et sa maman

☐ Jean est-il vraiment allé dans l'espace? Écris une phrase qui prouve ta réponse.

_____

COMMUNICATION – Questions à répondre à l'aide des idées du texte et des connaissances et expériences personnelles.

☐ Es-tu d'accord avec Jean quand il pense que sa mère ne l'aime plus? Oui ou non. Explique ta réponse.

_____

_____

☐ Est-ce que tu écoutes toujours ta maman ou ton papa quand il te demande de faire quelque chose? Explique ta réponse.

_____

_____

☐ Quels sont les sentiments que Jean éprouve au début, au milieu et à la fin du conte?

_____

_____

☐ Pourquoi Jean range-t-il ses jouets quand il se réveille?

_____

_____

☐ À la fin, Jean pense qu'il est chanceux. Quand penses-tu?

_____

_____

☐ Dans quel état est ta chambre? Selon toi, est-elle plus à l'ordre que celle de Jean? Raconte.

_____

_____

ORGANISATION DES IDÉES – Questions pour montrer la compréhension de l'organisation du texte.

☐ Selon l'ordre de présentation dans le conte, nomme :

a) les lieux que Jean a visités.

_____

_____

b) les personnages qu'il a rencontrés.

_____

_____

☐ J'ai lu ce conte et c'est tout mêlé dans ma tête. Peux-tu m'aider à tout remettre en ordre?

Mets les phrases en ordre, en les numérotant de 1 à 6.

____ En cachette, il se construit un vaisseau spatial et il part sans le dire à personne.

____ Il arrête sur une planète où les personnes sont toutes habillées en violet.

____ Jean est content que ce n'était qu'un rêve.

____ Jean pense que sa maman ne l'aime plus, elle lui refuse tout ce qu'il demande.

____ Après le repas, la géante demande à ses enfants de faire la vaisselle et de ranger leurs jouets.

____ Il regarde les étoiles et il se demande quelles sortes de personnes y vivent.

☐ Coche (✓) la bonne réponse.

Le voyage de Jean est

☐ une recette.　　☐ un conte.

☐ une lettre.　　☐ un journal personnel.

☐ Un conte est un récit réel ou imaginaire? Explique ta réponse.

_____

_____

_____

RESPECT DES CONVENTIONS LINGUISTIQUES – Questions pour montrer la compréhension des conventions linguistiques apprises.

☐ Écris les phrases ci-dessous à la forme négative.

a) Jean part à la recherche d'une autre maman.

_____

b) Il construit un vaisseau et part visiter d'autres planètes.

_____

c) Maman demande à Jean de ranger sa chambre.

_____

☐ Quels noms les pronoms remplacent-ils dans les phrases ci-dessous? Donne le genre et le nombre des noms et pronoms.

a) Jean boude, **il** veut voir son amie.

Le pronom **il** remplace le nom _____ (_____, _____).

(genre)   (nombre)

b) Jean entend sa maman qui **l'**appelle. **Elle** ne s'est pas aperçue de son absence.

Le pronom **l'** remplace le nom _____ (_____, _____).

Le pronom **Elle** remplace le nom _____ (_____, _____).

c) Jean arrête sur la planète violette. Une fille **l'**invite chez **elle**.

Le pronom **l'** remplace le nom _____ (_____, _____).

Le pronom **elle** remplace le nom _____ (_____, _____).

☐ Écris des phrases en replaçant l'ordre des mots. N'oublie pas les majuscules et les points.

a) l'aime / Jean / que sa mère / pense / plus. / ne /

_____

b) Il / soudain / trouve / géant. / chez / le / se

_____

ÉCRITURE (tâches ouvertes)

☐ Écris un conte au sujet d'un extraterrestre que Jean a rencontré sur la planète violette ou orange. Écris-le sous forme d'un petit livre avec de belles illustrations.

☐ Raconte un de tes rêves dans ton journal personnel. Parle de tes émotions, de ce que tu as ressenti à ton réveil.

☐ Écris une petite lettre à la maman de Jean pour lui expliquer pourquoi Jean est fâché.

☐ Prépare une petite annonce que Jean pourrait faire publier dans le journal dans le but de se trouver une nouvelle maman.

☐ Écris une autre fin à l'histoire de Jean.

COMMUNICATION ORALE (tâches ouvertes)

☐ Fais une liste des tâches que tu dois faire à l'école ou à la maison. Compare ta liste avec celle de tes camarades. Fais un diagramme à bandes avec les résultats obtenus.

☐ En équipe, préparez une saynète du conte *Le voyage de Jean*.

☐ Raconte un de tes rêves à tes camarades de classe.

☐ Dans quel état est ta chambre à coucher? Trace un plan à vol d'oiseau de ta chambre. Présente-le à tes camarades.

☐ Avec un ou une partenaire, construis un véhicule spatial semblable à celui de Jean.

Voici quelques indices pour t'aider :

– pense aux solides que tu pourrais utiliser

– souviens-toi des critères de stabilité pour que ton véhicule reste debout quand il n'est pas dans l'espace.

Fiche de planification du dossier d'écriture

Je prépare la rédaction d'un conte.

Titre : _____

Qui? (personnages)	Où? (lieux)	Quand? (temps)

1. Début : Événement important (problème)

2. Milieu		
Événement	Événement	Événement

3. Fin (dénouement)

✓ Je rédige mon conte en suivant mon plan.

C'est la faute à Loulou
Pages 118 et 119

RAISONNEMENT – Questions à répondre à l'aide des idées du texte.

☐ a) Lis le titre et regarde bien les illustrations. Prédis le contenu de l'histoire avant d'en faire la lecture. Qu'est-il arrivé au garçon? Qui peut bien-être Loulou?

_____

_____

b) Après avoir lu le texte, explique si tes prédictions étaient bonnes.

_____

_____

☐ Pourquoi Jonathan est-il tombé sur la tête?

_____

☐ Pourquoi Michelle, la sœur de Jonathan trouve-t-elle que Jonathan est étrange?

_____

☐ Pourquoi Jonathan doit-il consulter un médecin?

_____

☐ Qui est madame Valois?

_____

☐ Pourquoi Patrick est-il fâché contre Jonathan?

_____

_____

☐ Explique les expressions ou les mots écrits en gras.

a) Loulou adore **explorer les environs**. _____

_____

b) **À la mi-parcours**, Jonathan perd pied._____

_____

c) l'animal **dégringole** _____

_____

☐ Que veut dire le mot **bêtises** dans la phrase : «Jonathan reste quelques jours à la maison pour se reposer et éviter de faire des **bêtises**.»?

Coche (✓) la bonne réponse. Faire des **bêtises** veut dire

_____ faire mal aux bêtes.

_____ faire des actions imprudentes.

_____ faire des sorties.

COMMUNICATION – Questions à répondre à l'aide des idées du texte et des connaissances et expériences personnelles.

☐ Est-ce que le comportement de Loulou est normal pour un chat? Est-ce que la plupart des chats aiment se promener comme Loulou?

_____

_____

☐ Qu'est-ce que Jonathan aurait pu faire au lieu de grimper dans l'arbre pour aller chercher son chat?

_____

_____

☐ Jonathan voulait remonter dans l'arbre et se laisser tomber sur la tête une deuxième fois. Que penses-tu de cette idée? Explique ta réponse.

_____

_____

☐ Pourquoi les parents de Jonathan n'approuvent-ils pas son idée de se laisser tomber sur la tête une deuxième fois?

Cite une phrase du texte qui le démontre.

_____

☐ Crois-tu que Patrick a raison d'être fâché contre Jonathan? Explique ta réponse.

_____

_____

☐ Que fait Jonathan pour faire fâcher sa sœur? Est-ce que ça t'arrive d'agir ainsi avec ta sœur ou ton frère? Raconte.

_____

_____

☐ Quel personnage préfères-tu dans cette histoire? Dis pourquoi.

_____

_____

ORGANISATION DES IDÉES – Questions pour montrer la compréhension de l'organisation du texte.

☐ Certains mots du texte, tel *cocholat,* sont écrits en caractères italiques. Pourquoi ces mots sont-ils écrits ainsi?

_____

☐ Trouve un autre titre pour le texte.

_____

☐ Quelle sorte de texte est *C'est la faute à Loulou*? Donnes-en les caractéristiques.

C'est la faute à Loulou est un _____ parce que_____

_____

☐ Nomme tous les personnages de ce texte.

_____

_____

62

☐ Découpe les phrases ci-dessous et colle-les aux bons endroits pour reconstituer le récit.

Parties du récit	Phrases correspondant à l'histoire
Situation de départ	
Événement perturbateur (déclencheur)	
Événement	
Événement	
Événement	
Fin (dénouement)	

✂ -

Jonathan grimpe dans l'arbre pour aller chercher sa chatte. Il glisse de l'arbre et tombe sur la tête.	Jonathan prononce tous les mots correctement.
Jonathan se met à la poursuite de sa sœur. Il glisse sur la pelouse détrempée et se frappe la tête.	Jonathan n'arrive plus à prononcer certains mots correctement.
Patrick se fait appeler Tripack. Il est fâché contre Jonathan.	Jonathan cherche sa chatte Loulou dans le quartier. Elle est dans un arbre.

RESPECT DES CONVENTIONS LINGUISTIQUES – Questions pour montrer la compréhension des conventions linguistiques apprises.

☐ Trouve tous les mots que Jonathan dit mal et écris-les avec le bon orthographe.

Exemple : **cocholat** devient chocolat

Pour t'aider, écris-les à l'aide d'un logiciel de traitement de texte et utilise le correcteur d'orthographe.

☐ Trouve deux mots de la même famille que «haut» dans la première page du texte. _____   _____

☐ Complète les phrases en choisissant le bon homophone (a, à, as).

a) La chatte _____ grimpé dans le chêne.
   (a, à, as)

b) Tu _____ vu le médecin.
   (a, à, as)

c) Il _____ une chatte appelée Loulou.
   (a, à, as)

d) Jonathan demande _____ sa sœur de l'accompagner.
   (a, à, as)

☐ a) Mets au pluriel les noms et les adjectifs suivants :

une belle chatte _____

un gros chêne _____

une sœur inquiète _____

b) Écris une règle de grammaire pour expliquer comment on forme le pluriel des noms et des adjectifs.

On forme le pluriel des noms et des adjectifs en _____

_____.

☐ Complète les verbes ci-dessous en les accordant avec leur sujet.

a) Jonathan appell_____ sa chatte.

b) Tu surveill_____ le bas de l'arbre.

c) Je me relèv_____ de ma chute.

d) Nous évit_____ de faire des bêtises.

e) Ses parents consult_____ un médecin.

f) Vous n'approuv_____ pas les méthodes de Jonathan.

☐ Explique pourquoi le verbe *approuvent* se termine en **ent** dans la phrase : «Ses parents *n'approuvent* pas les méthodes de Jonathan.»

_____

☐ Écris à côté de chaque phrase, la lettre qui indique le type de phrase.

phrase affirmative (a)	phrase interrogative (i)
phrase exclamative (e)	phrase négative (n)

Exemple : Je chante bien. (a)

a) C'est merveilleux! (_____)

b) Où vas-tu passer tes vacances de Noël? (_____)

c) Je n'aime pas les animaux. (_____)

d) Le soir, je m'endors en pensant à mon ami. (_____)

e) Il fait rire toute la classe. (_____)

ÉCRITURE (tâches ouvertes)

☐ Écris un récit qui parle d'un animal favori, un peu étrange. Illustre ton récit et fais-en un livre. N'oublie pas de dessiner une belle jaquette pour ton livre.

☐ Tu pars en voyage et tu dois faire garder ton chat. Écris un aide-mémoire que tu remettras à la personne qui le gardera.

Mets des sous-titres dans ton aide-mémoire tels que «sa nourriture, ses habitudes». Ceci facilitera la tâche de ton gardien ou de ta gardienne.

☐ Écris ton propre récit à propos d'un animal de ton choix qui est en difficulté.

☐ Imagine que tu es Jonathan. Écris une lettre d'amitié à Patrick pour lui dire que tu veux qu'il reste ton ami.

☐ Avec un ou une camarade, invente et écris un événement perturbateur différent pour ce récit.

☐ Patrick est fâché contre Jonathan parce que maintenant on l'appelle Tripack. Jonathan est triste car il veut que Patrick reste son ami. Imagine que tu es Patrick **ou** Jonathan. Écris une page dans ton journal personnel.

COMMUNICATION ORALE (tâches ouvertes)

☐ Donne une présentation aux élèves de la classe sur : «Comment bien prendre soin de ton chat ou de ton chien.»
   a) Durant ta présentation, annonce un produit destiné aux chats.
   b) Soigne ta prononciation (p. ex., élève la voix à la fin d'une phrase interrogative).
   c) Emploie les mots justes dans ta présentation en faisant des recherches dans le dictionnaire ou dans une encyclopédie sur cédérom.

☐ En équipe, préparez une petite saynète de ce court récit.

☐ En équipe, trouvez deux ou trois solutions différentes au problème de Jonathan pour faire descendre son chat. Présentez les solutions au groupe-classe. Ensuite, discutez ensemble pour trouver la solution que vous jugez la meilleure.

☐ Selon toi, qu'est-ce que les parents de Jonathan lui ont dit quand ils ont su qu'il voulait tomber sur la tête une deuxième fois? Avec un ou une camarade, joue le rôle de Jonathan et de l'un des parents.

☐ En équipe, fabriquez des marionnettes et improvisez un événement qui est arrivé entre frères et sœurs. Présentez les moments joyeux et tristes de la situation à l'aide de vos marionnettes.

☐ Avec un ou une camarade, invente des phrases contenant des mots «renversés» comme les mots «renversés» de Jonathan (p. ex., *cocholat* au lieu de *chocolat*). Amusez-vous ensuite à présenter vos trouvailles à la classe. Assurez-vous de bien soigner votre prononciation.

☐ As-tu un chat? Ou connais-tu quelqu'un qui a un chat? Observe l'animal pendant quelque temps et fais une liste des comportements du chat. Échange tes observations avec celles d'autres élèves qui ont des chats. Quelles sont tes conclusions?

La fée des dents existe vraiment
Pages 120 et 121

RAISONNEMENT – Questions à répondre à l'aide des idées du texte.

☐ Qu'est-ce que la jeune fille souhaite vérifier ou prouver dans cette histoire?

_____

☐ À quel endroit, la jeune fille range-t-elle les dents qu'elle perd?

_____

☐ Dans le texte, on dit que la petite fille est allée chez le dentiste l'an dernier. Quelle dent s'est-elle fait enlever à ce moment-là?

_____

☐ Quels sont tous les préparatifs que la petite fille a fait pour planifier sa soirée et sa nuit? Explique son plan.

_____

_____

_____

☐ Coche (✓) la bonne réponse.

L'expression «Je n'ai pas fermé l'œil» veut dire :

☐ Je n'ai pas peur.

☐ Je n'ai pas dormi.

☐ Je n'ai pas pleuré.

☐ Coche (✓) la bonne réponse. Le mot «provisions» dans la phrase «…sauf pour la partie des provisions.» veut dire :

☐ cachettes.

☐ produits alimentaires.

☐ produits dentaires.

COMMUNICATION – Questions à répondre à l'aide des idées du texte et des connaissances et expériences personnelles.

☐ Lorsque tu as reçu le texte, tu as regardé l'illustration et le titre. Et puis, tu t'es fait une idée de l'histoire. Explique comment l'idée que tu t'es faite était différente ou pareille à ce que tu as lu.

☐ D'après tes idées et celles du texte, la fée des dents existe-t-elle vraiment? Explique ta réponse.

_____

_____

☐ Que penses-tu du plan de la petite fille? Explique ta réponse.

_____

_____

☐ Selon toi, pourquoi la maman a-t-elle laissé sa photo sur la table de chevet de sa fille?

_____

_____

☐ Que fais-tu des dents que tu perds? As-tu une boîte à dents? Raconte.

_____

_____

☐ Dis ce que tu ressens après avoir lu ce texte.

☐ Quelle partie de l'histoire préfères-tu? Explique ton choix.

_____

_____

_____

☐ Coche (✓) la bonne réponse.

Ce texte est

☐ une recette.

☐ une lettre d'amitié.

☐ un court récit.

☐ un conte.

Coche (✓) les éléments qui correspondent au type de texte que tu as choisi. J'ai choisi ce type de texte, parce qu'il y a

☐ une signature.

☐ un événement perturbateur.

☐ une fin (dénouement).

☐ des faits vécus ou imaginaires.

☐ une date.

☐ des événements (péripéties).

☐ des personnages.

☐ Pourquoi l'auteure a-t-elle utilisé des étoiles (***) dans le texte?

_____

☐ Selon toi, quel est l'événement perturbateur qui affecte la suite de l'histoire? Coche (✓) la bonne réponse.

☐ La jeune fille prépare un plan pour vérifier le passage de la fée des dents.

☐ La jeune fille met une dent dans une boîte.

☐ La jeune fille fait quelques réserves dans une cachette.

☐ Dans la phrase suivante :

«Je me suis fait quelques réserves dans une cachette : un paquet de réglisses rouges, une tablette de chocolat, cinq gommes à mâcher et une canette de boisson gazeuse!»

a) Pourquoi l'auteure a-t-elle utilisé des virgules?

_____

b) Pourquoi l'auteure a-t-elle utilisé un point d'exclamation?

_____

☐ Pourquoi le mot **dents** dans l'expression : «ma boîte à **dents**», est-il écrit au pluriel?

_____

Pourquoi le mot **jours** dans l'expression : «j'ai mis plusieurs **jours**», est-il écrit au pluriel?

_____

☐ Dans la phrase «*Zut! Mon plan a raté!*», pourquoi l'auteure a-t-elle mis des points d'exclamation?

_____

☐ Lis les phrases ci-dessous. Tu y trouveras des pronoms personnels. Ces pronoms remplacent des noms de personnes. Trouve le nom remplacé par chaque pronom.

a) «Je me suis fait à l'idée que la fée des dents passe à minuit tout comme le père Noël. Ce soir, je veux **la** voir de mes propres yeux?»

Quel nom le pronom **la** remplace-t-il? _____

b) «C'est une boîte que mon dentiste m'a offerte l'an dernier lorsqu'**il** a extrait ma canine gauche.»

Quel nom le pronom **il** remplace-t-il? _____

c) «J'admets que mes parents sont au courant de mon plan. **Eux** aussi sont curieux.»

Quel nom le pronom **Eux** remplace-t-il? _____

☐ Trouve dans le texte trois mots qui ont le son «en» écrit avec les lettres **en**, trois mots qui ont le son «en» écrit avec les lettres **an** et finalement trois mots qui ont ce même son mais écrit différemment.

Mots avec «en»	Mots avec «an»	Autres mots
Exemple : att**en**dre	Exemple : br**an**lait	Exemple : mainten**ant**

☐ Dans la phrase : «Juste à coté, il y a une photo.», on retrouve les mots **a** et **à**.

Mets le bon homophone (**à** ou **a**) dans les phrases suivantes :

a) Il _____ acheté des patins _____ roues alignées.

b) Suzie _____ un rendez-vous _____ cinq heures.

☐ Sépare les mots en syllabes :

Exemple :   gazeuse   ga-zeu-se

　　　　　　maintenant   _____

　　　　　　provisions   _____

　　　　　　couverture   _____

☐ Remets les syllabes en ordre pour trouver les mots.

Syllabes	Mots
ver/ re/ tu/ cou	
ment/ im/ di/ a/ mé/ te	

ÉCRITURE (tâches ouvertes)

☐ Compose un court récit au sujet d'une dent qui bouge mais qui ne veut pas tomber. Comment solutionneras-tu le problème? Qu'est-ce que tu essayeras? Qui t'aidera?

☐ Dans le cadre de la journée des métiers, ta classe a reçu la visite d'un ou d'une dentiste. Écris-lui une lettre de remerciements pour sa visite.

☐ Cette histoire parle d'une petite fille sans toutefois la nommer. Écris quelques phrases pour nous décrire la petite fille telle que tu te l'imagines. Donne-lui un nom.

☐ Écris un court message ou une lettre d'amitié à la fée des dents.

☐ En équipe, préparez une affiche pour informer les jeunes de l'importance de bien prendre soin de leurs dents. Exposez l'affiche dans la salle de classe ou dans l'école.

COMMUNICATION ORALE (tâches ouvertes)

☐ Prépare une petite annonce pour la radio afin d'annoncer l'ouverture prochaine d'une nouvelle clinique dentaire.

☐ Discute avec d'autres élèves de ta classe de l'importance d'une bonne hygiène dentaire.

☐ Raconte à tes camarades de classe une situation où tu as perdu une dent.

☐ Avec un ou une camarade, prépare une petite saynète racontant la rencontre de la petite fille et de la fée des dents.

Voyage de nuit
Pages 122 et 123

RAISONNEMENT – Questions à répondre à l'aide des idées du texte.

☐ Qu'est-ce que le titre et les illustrations t'apprennent?

_____

_____

☐ a) Qui sont les personnages?

_____

☐ b) Où vont-ils? Quel moyen de transport utilisent-ils?

_____

_____

☐ a) Quel problème les enfants rencontrent-ils une fois en plein vol?

_____

b) Qui leur vient en aide?

_____

☐ Quelles sont les directives que les enfants reçoivent de la personne qui leur vient en aide? Écris-les en ordre d'après le texte.

_____

_____

_____

☐ Dessine ce que les enfants voient à vol d'oiseau

   a) au décollage.

   b) à l'atterrissage.

□ Qu'est-ce que l'auteure veut dire? Explique les mots et les phrases en tes propres mots.

a) «la porte **entrouverte**»_____

_____

b) «Des images **vives se dessinent dans sa tête**.»_____

_____

c) «… l'avion **se détache** du sol.»_____

_____

d) «C'est un paysage **ravissant**.»_____

_____

COMMUNICATION – Questions à répondre à l'aide des idées du texte et des connaissances et expériences personnelles.

□ D'après toi, de quelle sorte d'avion s'agit-il? D'un gros avion ou d'un petit? Justifie ta réponse.

_____

_____

□ a) Quel est le nom de la sœur d'Henri?

_____

b) Que fait-elle au début du texte?

_____

□ a) Quel est le rôle de la sœur d'Henri à bord de l'avion?

_____

b) Réussit-elle ce qu'elle essaie d'accomplir?

_____

☐ À ton avis, qu'est-ce que les enfants auraient dû faire avant de s'envoler?
Où auraient-ils pu prendre ce genre de formation?

_____

_____

☐ Nomme quelques endroits près de chez toi qui offrent des cours de pilotage.
Regarde dans le bottin téléphonique pour les adresses.

_____

_____

☐ As-tu déjà pris l'avion? Raconte ce que tu as ressenti au décollage et à
l'atterrissage.

_____

_____

☐ Quand les enfants se rendent compte qu'ils ne savent pas atterrir, comment
réagissent-ils? Quelle est l'expression qui est utilisée pour le dire? Quels sont les
sentiments qu'ils ressentent? Mime leurs émotions devant les élèves de ta classe.

ORGANISATION DES IDÉES – Questions pour montrer la compréhension de l'organisation du texte.

☐ a) Quel type de texte viens-tu de lire?

_____

b) Quels indices t'ont aidé à trouver la réponse?

_____

_____

☐ Quel autre titre pourrais-tu donner à ce récit?

_____

☐ Lis les phrases et mets-les en ordre comme dans l'histoire. Numérote-les de 1 à 8.

_____ Sa maman l'embrasse. Henri ferme les yeux dans l'espoir de s'endormir.

_____ Ils construisent leur avion et s'envolent.

_____ Cécile communique avec la Terre, elle n'a pas de réponse.

_____ Ils ne peuvent pas atterrir, ils ne savent pas comment.

_____ Ils sont heureux de revoir la Terre.

_____ Tout était un rêve!

_____ Henri regarde autour de lui. Cécile et André ne sont plus là.

_____ Oui, Madame, aidez-nous. Nous ne savons pas quoi faire pour atterrir.

☐ Lis les phrases et dis si elles correspondent à :

– la situation de départ (1)

– l'événement perturbateur (le problème) (2)

– les événements (les péripéties) (3)

– la solution (4)

– la fin (5)

Écris le bon nombre à côté de chaque phrase.

_____ Sa maman l'embrasse. Henri ferme les yeux dans l'espoir de s'endormir.

_____ Ils construisent leur avion et s'envolent.

_____ Cécile communique avec la Terre, elle n'a pas de réponse.

_____ Ils ne peuvent pas atterrir, ils ne savent pas comment.

_____ Ils sont heureux de revoir la Terre.

_____ Tout était un rêve!

_____ Henri regarde autour de lui. Cécile et André ne sont plus là.

_____ Oui, Madame, aidez-nous. Nous ne savons pas quoi faire pour atterrir.

☐ a) Qu'est-ce qui nous dit qu'une phrase est à la forme exclamative? Quel signe de ponctuation utilise-t-on dans ce genre de phrases? Écris ce signe. _____

b) Copie les phrases du texte qui sont à la forme exclamative.

_____

_____

_____

_____

_____

_____

_____

☐ Mets les noms et les adjectifs au féminin.

Utilise les bons articles : la, les, une, des.

a) un enfant taquin _____

b) un voisin poli _____

c) des bons gérants _____

d) le jeune avocat _____

e) un élève intelligent _____

f) les clients satisfaits _____

☐ Mets les noms et les adjectifs au pluriel.

a) un invité _____

b) l'enfant souriant _____

c) une biche _____

d) le menton _____

e) une mine pointue _____

f) un bâton usé _____

☐ Place les signes de ponctuation et les majuscules nécessaires afin d'écrire correctement les phrases suivantes :

a) jacques apportera son chien à toronto

b) le père de jacob se baigne tous les jours dans le lac supérieur

c) la vie est agréable lorsqu'on fait un travail que l'on aime

d) es-tu capable de chanter un peu plus fort

e) vive la période des vacances

ÉCRITURE (tâches ouvertes)

☐ Va à la bibliothèque ou consulte Internet et fais une recherche sur les avions. Avec les camarades de ton équipe, fais un livre rempli de belles illustrations d'avions de toutes sortes : avions de passagers, avion à deux moteurs, etc. Écris une phrase décrivant chaque avion. Dessine une belle jaquette pour ton livre.

☐ En équipe, imaginez d'autres péripéties et une autre fin à ce récit.

☐ Es-tu déjà allé en avion? Avant de décoller, l'agent ou l'agente de bord donne les consignes à suivre, en cas d'accident. Consulte Internet ou demande à quelqu'un qui a déjà voyagé en avion, de te fournir ces consignes. Écris la liste de ces conseils.

☐ Avec un ou une camarade, construis une maquette d'aéroport. Mesure son périmètre et son aire en unités carrées.

☐ Avec un ou une camarade et en t'inspirant de l'illustration du texte, construis une maquette de la Terre vue de l'avion des enfants. Utilise des prismes et nommes-les.

☐ En équipe, construisez un avion comme celui d'Henri. Consultez des livres ou Internet et indiquez les parties de l'avion.

COMMUNICATION ORALE (tâches ouvertes)

☐ En équipe, faites les démarches pour inviter un pilote ou un agent ou une agente de bord à venir vous parler d'avions et de sa carrière.

☐ Avec un ou une camarade, présente aux autres élèves la communication entre Cécile et la voix provenant de la Terre.

☐ Planifie des vacances pour ta famille. Choisis une destination. Pour vous y rendre, vous devez prendre l'avion. Téléphone à deux ou trois agences de voyage. Informe-toi des prix, de la durée des séjours, des activités offertes, de la compagnie aérienne, de la grosseur de l'avion, du nombre de personnes qui peuvent y monter, etc. Choisis la vacance qui correspond le mieux aux goûts et au budget de ta famille. Fais part de tes recherches à tes camarades.

Fiche de planification du dossier d'écriture

Je prépare la rédaction d'un court récit.

Titre : _____

Qui? (personnages)	Où? (lieux)	Quand? (temps)

1. Début : Événement important – problème

2. Milieu

Événement	Événement	Événement

3. Fin (dénouement ou solution)

✓ Je rédige mon récit en suivant mon plan.

La pomme
Page 124

RAISONNEMENT – Questions à répondre à l'aide des idées du texte.

☐ Qu'est-ce que l'illustration t'apprend sur ce texte? Que font les personnages?

_____

_____

☐ De quelles couleurs sont les pommes?

_____

☐ Quel est le nom des graines de la pomme? _____

☐ Donne des informations spécifiques sur la pomme.

_____

_____

☐ Que veut dire :

juteuse ? _____

chair ferme ? _____

collations ? _____

manger nature ? _____

☐ Quels sont les mets mentionnés dans le texte que l'on peut cuisiner avec des pommes?

_____

_____

COMMUNICATION – Questions à répondre à l'aide des idées du texte et des connaissances et expériences personnelles.

☐ Est-ce que les pommes sont bonnes pour nous? Pourquoi?

_____

_____

☐ À quelle forme géométrique la pomme te fait-elle penser? Explique ta réponse.

_____

_____

☐ On dit que la pomme est un fruit, pourquoi? Trouve la réponse dans ton livre de sciences.

_____

_____

☐ Durant quelle saison cueille-t-on les pommes? L'automne ou le printemps? Explique ta réponse.

_____

_____

☐ Aimes-tu les pommes? Quel est ton mets préféré préparé avec des pommes? Explique ta réponse.

_____

_____

_____

ORGANISATION DES IDÉES – Questions pour montrer la compréhension de l'organisation du texte.

☐ Quels indices t'indiquent que le texte que tu viens de lire est une fiche descriptive d'un objet?

_____

_____

☐ Est-ce que les diverses catégories de renseignements t'aident à comprendre le texte? Oui ou non? Explique ta réponse.

_____

_____

_____

☐ Pense à une autre catégorie de renseignements que l'on pourrait ajouter à la fiche descriptive *La pomme*. Quel titre donnerais-tu à ces renseignements? Pourquoi?

_____

_____

_____

RESPECT DES CONVENTIONS LINGUISTIQUES – Questions pour montrer la compréhension des conventions linguistiques apprises.

☐ Mets les mots en ordre et tu auras de belles phrases. N'oublie pas les majuscules et choisis la bonne ponctuation.

a) juteuse, collation, je, pomme, ma, pour, mange, une

_____

b) le, des fleurs, me, chatouille, narines, parfum, les

_____

c) compote, pommes, la, c'est, aux, délicieux

_____

d) tarte, pommes, la, aux, aimes-tu

_____

☐ Pourquoi le mot «fruits» est-il écrit avec un «s» dans l'expression «les salades de fruits»?

_____

☐ Trouve dans le texte tous les noms écrits au pluriel. Écris-les dans une colonne; à côté, dans une deuxième colonne, écris le singulier de ces noms. Accompagne chaque nom singulier d'un adjectif qualificatif et d'un article appropriés.

Exemple : les salades   la délicieuse salade

☐ Trouve le plus de mots possible de la même famille pour chacun des mots suivants :

a) cuite : _____

b) délicieux : _____

c) juteuse : _____

Utilise ton dictionnaire, si tu as besoin d'aide.

ÉCRITURE (tâches ouvertes)

☐ Invente une recette réalisée avec des pommes ou d'autres fruits. Écris-la à l'ordinateur et présente-la à tes camarades.

☐ Fais une fiche descriptive d'un autre fruit de ton choix. Inspire-toi de la fiche *La pomme* et d'autres fiches que tu trouveras dans le centre de lecture. Illustre ta fiche.

☐ Cherche dans des livres de recettes ou dans des magazines des illustrations se rapportant à des mets préparés avec des pommes. Utilise ces illustrations pour faire un livre sur les pommes. Trouve un bon titre et illustre une belle jaquette (couverture) pour ton livre.

☐ Dessine une pomme et indique les différentes parties de ce fruit.

☐ Prépare une affiche pour inciter les élèves à manger des fruits et plus spécifiquement des pommes.

☐ Fais une recherche sur la pomme. Illustre sa croissance, de ses débuts jusqu'à la cueillette. Précise à quelle saison ont lieu les divers développements de ce fruit.

☐ Fais une recherche dans Internet pour te renseigner sur les variétés de pommes qui existent. Dresse un tableau pour présenter le fruit de tes recherches.

Exemple :

Nom de la pomme	Description (couleur)	Lieu (pays) de croissance

Une visite au supermarché pourrait aussi te fournir beaucoup de renseignements sur ce sujet.

COMMUNICATION ORALE (tâches ouvertes)

☐ En équipe, faites un remue-méninges afin de trouver le plus grand nombre possible d'adjectifs qualificatifs pour décrire une pomme. à tour de rôle, chaque élève énumère un adjectif, p. ex., une pomme **mûre**, une pomme **délicieuse**.

☐ Maintenant que tu en sais beaucoup sur les pommes, pose des questions sur les pommes, à tes camarades. Souviens-toi aussi de ce que tu as appris en sciences.

☐ Prends une pomme et divise-la entre deux ou quatre camarades. Tu peux varier la fraction qu'ils reçoivent en partageant la pomme à nouveau entre deux, trois ou quatre autres camarades. Répète la division jusqu'à ce que ta pomme ne soit plus divisible. Tu peux inventer un jeu, p. ex., ils ou elles doivent te dire la fraction de la pomme reçue. Si la pomme est divisée en 8 parties, l'élève doit dire : je reçois $\frac{1}{8}$ de la pomme.

Le drapeau franco-ontarien
Page 125

RAISONNEMENT – Questions à répondre à l'aide des idées du texte.

☐ Donne en quelques lignes les faits les plus importants présentés sur la fiche descriptive.

_____

_____

☐ Que représente le blanc sur le drapeau?

_____

☐ Quelle fleur représente la francophonie? _____

☐ Quelle saison est représentée dans la moitié droite du drapeau?

_____

COMMUNICATION – Questions à répondre à l'aide des idées du texte et des connaissances et expériences personnelles.

☐ Ajoute un autre élément à la description du drapeau.

_____

_____

☐ Selon toi, à quoi servent les drapeaux?

_____

☐ a) Où vois-tu le plus souvent le drapeau franco-ontarien?

_____

☐ b) Où trouves-tu d'autres drapeaux? Explique ta réponse.

_____

_____

☐ La fiche descriptive dit : «Le vent me permet de flotter». Trouve d'autres objets qui ont besoin du vent pour flotter.

_____

_____

ORGANISATION DES IDÉES – Questions pour montrer la compréhension de l'organisation du texte.

☐ Pourquoi utilise-t-on de gros points (•) dans le texte?

_____

_____

☐ Le texte _Le drapeau franco-ontarien_ est une fiche descriptive. Énumère les éléments qui t'indiquent que c'est une fiche descriptive.

_____

_____

_____

☐ La fiche descriptive présente les caractéristiques du drapeau franco-ontarien. Écris des sous-titres sous lesquels ces caractéristiques auraient pu être présentées.

_____

_____

RESPECT DES CONVENTIONS LINGUISTIQUES – Questions pour montrer la compréhension des conventions linguistiques apprises.

☐ Trouve des mots de la même famille que le mot «francophonie». Utilise le dictionnaire, si tu as besoin d'aide.

_____

_____

☐ Pourquoi met-on une lettre majuscule aux mots _Sudbury_ et _Ontario_ dans le texte?

_____

☐ Choisis le paragraphe de ton choix et transcris-le en écriture cursive en soignant bien ta calligraphie.

_____

_____

_____

☐ Relis la fiche descriptive. Choisis trois paragraphes et formule une question pour chacun.

Exemple : 1er paragraphe : Où suis-je né?

_____

_____

_____

☐ Relis le texte et trouve une phrase renfermant les verbes **avoir** et **être** conjugués au présent de l'indicatif. Transcris-les et souligne les verbes conjugués.

_____

_____

_____

☐ Fais la liste de tous les verbes du 1er groupe (verbes en **er**) conjugués à l'indicatif présent qui se trouvent dans le texte. Accompagne ces verbes de leur sujet.

_____

_____

_____

ÉCRITURE (tâches ouvertes)

☐ Invente un drapeau de ton choix. Illustre-le et fais-en une fiche descriptive.

☐ Fais une petite recherche sur le drapeau du Canada et prépare une fiche descriptive pour le décrire.

COMMUNICATION ORALE (tâches ouvertes)

☐ En petit groupe, inventez une petite chanson (rap, berceuse, etc.) pour parler des sentiments que vous inspire le drapeau franco-ontarien.

☐ Exerce-toi à présenter le drapeau que tu as inventé ou un autre drapeau de ton choix.

Introduction – Aspect général du drapeau

Description – Parties principales, secondaires, leurs caractéristiques

Conclusion – Sentiments ou valeurs qu'il inspire... utilités.

RAISONNEMENT – Questions à répondre à l'aide des idées du texte.

☐ Décris les dimensions de la boîte à trésor.

_____

☐ Comment fait-on pour ouvrir la boîte à trésor?

_____

☐ Illustre et colorie la boîte à trésor telle que décrite dans le texte. Montre le dessus de la boîte dans ton dessin.

☐ Explique les mots suivants :

a) le dessus est **lisse** : le dessus est _____.

b) les côtés sont un peu **rugueux** : les côtés sont un peu

_____.

COMMUNICATION – Questions à répondre à l'aide des idées du texte et des connaissances et expériences personnelles.

☐ Si tu avais une boîte à trésor, que mettrais-tu dedans?

_____

_____

☐ Explique comment tu t'y prendrais pour ouvrir le coffre à trésor, si tu en perdais la clé.

_____

☐ D'après les idées du texte, crois-tu que la boîte à trésor est importante pour son propriétaire? Quelle phrase te renseigne particulièrement à ce sujet?

_____

_____

☐ Quelle partie de la boîte à trésor, aimerais-tu le plus toucher? Pourquoi?

_____

_____

☐ D'après les dimensions de la boîte à trésor, nomme quelques objets que tu pourrais ranger dans cette boîte.

_____

_____

☐ Une boîte à trésor est très précieuse. Il faut donc lui trouver un endroit bien spécial où la placer. Si tu avais une boîte à trésor, où la placerais-tu? Décris ou illustre cet endroit.

_____

_____

☐ Selon toi, pourquoi a-t-on placé des dessins de papillons autour du cadre qui entoure le texte?

_____

ORGANISATION DES IDÉES – Questions pour montrer la compréhension de l'organisation du texte.

☐ Pourquoi a-t-on placé des gros points noirs (•) dans le texte?

_____

☐ Nomme des éléments que l'on peut trouver dans la plupart des fiches descriptives d'un objet.

_____

_____

☐ Si tu devais ajouter des sous-titres pour présenter les divers renseignements fournis dans cette fiche, quels sous-titres utiliserais-tu?

_____

RESPECT DES CONVENTIONS LINGUISTIQUES – Questions pour montrer la compréhension des conventions linguistiques apprises.

☐ Écris dans la bonne colonne, les adjectifs qualificatifs que tu trouveras dans le texte.

Adjectifs au masculin	Adjectifs au féminin

☐ Compose trois phrases interrogatives pour lesquelles on peut trouver les réponses dans le texte.

_____

_____

_____

☐ a) Transforme la phrase du singulier au pluriel :

La boîte est faite de cèdre.

_____

b) Transforme la phrase du pluriel au singulier :

De jolies fleurs décorent les boîtes à trésor.

_____

☐ Complète les phrases ci-dessous à l'aide des homophones : **sont/son**. Observe bien les exemples.

Exemples :   Les côtés **sont** un peu rugueux.

Dans la boîte, il a placé **son** plus beau trésor.

a) Les enfants _____ contents d'être en vacances.

b) Elle a placé _____ manteau et _____ chapeau dans le vestiaire.

c) Mes parents _____ arrivés en retard à la fête.

ÉCRITURE (tâches ouvertes)

☐ Pense à ton jouet préféré et prépare une fiche descriptive pour le faire connaître. N'oublie pas de dire pourquoi il est ton jouet favori.

☐ Compose une devinette pour faire découvrir un objet de ton choix. Présente au moins trois indices en écrivant un indice par phrase.

☐ Compose un acrostiche à partir du nom d'un objet de façon à le décrire.

☐ Apporte en classe un objet qui est précieux pour toi. Montre cet objet au groupe-classe et explique pourquoi il est si important à tes yeux.

☐ Apporte une photo de la personne que tu apprécies le plus et explique aux camarades de la classe quelles sont ses qualités.

☐ Fabrique une boîte à trésor. Présente ta boîte à tes camarades et explique ton choix des matériaux et des éléments décoratifs utilisés.

☐ Si tu ne devais placer qu'une seule photo dans ta boîte à trésor, quelle photo choisirais-tu? Pourquoi?

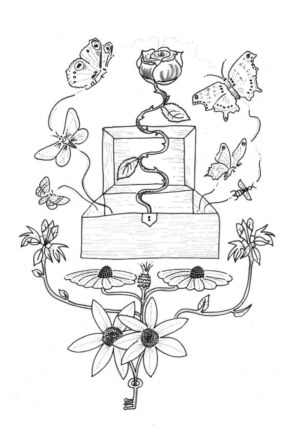

Fiche de planification du dossier d'écriture

Je prépare la rédaction d'une fiche descriptive d'un objet.

Objet choisi :

Catégories	J'écris les mots clés.
Couleur	
Taille	
Forme	
Utilités	
Détails spécifiques	

✓ Je rédige ma fiche descriptive à l'aide de mes mots clés.

✓ Je rédige ma fiche sous forme

☐ de paragraphes.

☐ de phrases regroupées en catégories.

Sur le canal
Page 127

RAISONNEMENT – Questions à répondre à l'aide des idées du texte.

☐ a) Où est allé le personnage principal?

_____

b) Quel moyen de transport a-t-il utilisé pour s'y rendre?

_____

☐ Nomme les personnes qui ont participé aux événements décrits dans le texte.

_____

_____

☐ Qu'est-ce que les personnages du texte ont mangé? Ont-ils aimé cela? Justifie ta réponse à l'aide du texte.

_____

_____

☐ D'après le texte, est-ce la première fois que l'auteur du journal personnel se rendait sur le canal Rideau? Justifie ta réponse à l'aide du texte.

_____

_____

COMMUNICATION – Questions à répondre à l'aide des idées du texte et des connaissances et expériences personnelles.

☐ La personne qui a écrit ce journal est-elle une fille ou un garçon? Quels mots du texte t'aident à le découvrir?

_____

☐ Selon toi, quel est l'âge de la personne qui a écrit le journal? Estime son âge en te basant sur ce qui est dit dans le texte. Écris ce qui t'aide à faire ton estimation. _____

_____

☐ Le texte parle de personnes qui patinent sur le canal Rideau. Explique pourquoi tu aimerais ou n'aimerais pas aller patiner sur le canal Rideau.

_____

_____

☐ Où se trouve le canal Rideau? Dans quelle ville? Dans quelle province? Dans quel pays est situé ce canal?

Ville : _____

Province : _____

Pays : _____

☐ a) De quelles couleurs sont les feux d'artifice dans le texte?

_____

b) Quand peut-on voir habituellement des feux d'artifice?

_____

c) Illustre les feux d'artifice et dis ce à quoi ils te font penser.

_____

_____

☐ a) Écris-tu ton journal personnel? Si oui, explique pourquoi tu le fais.

_____

b) Si tu n'écris pas ton journal personnel, aimerais-tu le faire? Pourquoi?

_____

☐ Crois-tu que les sculptures de glace risquaient de fondre le jour où l'auteur est allé patiner? Justifie ta réponse à l'aide des idées du texte.

_____

_____

☐ Quelle partie du texte as-tu aimée le plus? Pourquoi?

_____

_____

☐ Quelles sont les choses que tu aimes le plus faire dehors l'hiver, avec ta famille?

_____

_____

ORGANISATION DES IDÉES — Questions pour montrer la compréhension de l'organisation du texte.

☐ Coche (✓) la bonne réponse.

Ce texte est :

☐ une devinette.

☐ un journal personnel.

☐ un récit.

☐ une fiche descriptive.

Énumère des indices qui le prouvent.

_____

_____

_____

☐ Quel est le premier élément qu'on écrit dans un journal personnel?
Coche (✓) la bonne réponse.

   ☐ les activités

   ☐ la date

   ☐ la salutation

☐ Qu'écrit-on dans un journal personnel? Encercle la ou les bonnes réponses.
Dans un journal personnel, on écrit

a) des contes.

b) nos aventures.

c) nos sentiments.

d) les aventures de personnages extraterrestres.

☐ À quelle personne, écrit-on un journal personnel? Encercle la bonne réponse.
Dans un journal personnel, on écrit à la

a) 1re personne (je).

b) 2e personne (tu).

c) 3e personne (il ou elle).

☐ Quelle date est inscrite au haut de ce journal personnel?

_____

☐ Remets les événements en ordre en les numérotant de 1 à 6.

_____ J'ai chaussé mes patins tout seul.

_____ Nous nous sommes rendus au canal en autobus de ville.

_____ Nous avons chaussé nos bottes et nous sommes rentrés à la maison.

_____ Les feux d'artifice ont illuminé le ciel.

_____ Papa nous a acheté un goûter.

_____ Nous sommes allés voir les sculptures de glace.

☐ Trouve dans le texte, tous les mots qui contiennent les sons ci-dessous.
Trouve autant de façons possibles d'écrire chacun de ces sons.

è	an
on	o
i	ou
oi	é
eu	eil

☐ Trouve un verbe de la même famille que les noms suivants :

a) une surprise _____

b) un chant _____

c) une glissoire _____

d) des sculptures _____

e) des patins _____

☐ Trouve le ou les petits mots dans le grand mot.

regarder : _____

lancement : _____

journalier : _____

lendemain : _____

ressortir : _____

extraordinaire : _____

agréablement : _____

empoisonner : _____

Amuse-toi à trouver d'autres mots qui renferment ainsi des petits mots.
Présente-les à tes camarades.

☐ Dans la première phrase du texte, explique pourquoi les mots **R**ideau, **P**apa et **I**sabelle ont tous une lettre majuscule.

_____

☐ Écris les phrases exclamatives du texte qui démontrent que l'auteur du journal a aimé son expérience.

_____

_____

_____

☐ a) Transforme la phrase du singulier au pluriel.

Il a acheté un chocolat chaud.

_____

b) Transforme la phrase du pluriel au singulier.

Nous sommes allés voir les sculptures de glace.

_____

☐ Parmi les dates suivantes, laquelle est bien écrite?
Coche (✓) la bonne réponse.

☐ samedi, 25 juillet 2002

☐ juillet 25, 2002

☐ Le samedi 25 juillet 2002

☐ Remets les mots en ordre pour créer des phrases. N'oublie pas de mettre des majuscules et de choisir la bonne ponctuation.

a) sommes / voir / allés / glace / nous /les / de / sculptures

_____

_____

b) j'ai / prochain / à / déjà / l'an / hâte

_____

_____

c) Rideau / sur / aimerais-tu / le / patiner / canal

_____

_____

☐ Complète les phrases avec le verbe *être* conjugué au présent de l'indicatif.

a) Pierre _____ fâché contre son chien.

b) Je crois que tu _____ le prochain sur la liste.

c) Nous _____ prêtes à partir!

d) Les papillons _____ multicolores.

☐ Utilise les pronoms personnels qui conviennent.

a) _____ suis allé patiner avec Papa et Isabelle. _____ avons pris l'autobus.

b) _____ ai chaussé mes patins tout seul. _____ étais fier de moi!

c) Papa nous a offert un goûter. _____ nous a acheté du chocolat chaud et des queues de castor.

d) Les feux d'artifice ont illuminé le ciel. _____ étaient très beaux!

ÉCRITURE (tâches ouvertes)

☐ Compose une affiche annonçant un ou des événements de ta région (genre feuillet touristique) afin que les gens aient envie de venir visiter ta ville.

☐ Écris les événements de la journée dans ton journal personnel. Explique ce que tu as aimé et ce que tu n'as pas aimé.

☐ À la suite d'un spectacle à l'école, écris dans ton journal personnel. Fais un bref résumé de l'événement et fais part de tes sentiments.

☐ Écris dans ton journal personnel tes impressions et commentaires au sujet d'une sortie en famille ou d'un voyage que tu as beaucoup aimé.

☐ Dessine une illustration pour accompagner le texte *Sur le canal* et explique le passage que tu as illustré.

☐ Choisis une photo. Autour de la photo, décris les événements que te rappelle cette photo.

☐ Change le début de l'histoire. Est-ce que cela change le milieu et la fin de ton histoire? Explique ta réponse. Lis ton début de l'histoire à tes camarades.

☐ As-tu souvenir d'une journée spéciale vécue en groupe ou en famille comme celle mentionnée dans le journal personnel? Raconte cette journée en quelques lignes.

COMMUNICATION ORALE (tâches ouvertes)

☐ En petit groupe, raconte une excursion faite avec ta famille. Apporte des photos de ces bons moments. Parle de ce que tu as aimé, moins aimé et raconte pourquoi.

☐ Fais une recherche afin de savoir où se situe le canal Rideau. Fais part de tes découvertes à tes camarades.

☐ À la suite d'une sortie de classe, communique tes sentiments et tes commentaires lors d'une discussion en groupe-classe.

☐ En équipe, faites des sculptures de glace ou de neige lors du carnaval de votre école. Expliquez votre choix de sculptures aux autres élèves.

☐ As-tu déjà assisté à des feux d'artifice? Raconte ton expérience. Si tu n'as jamais eu la chance de voir un tel spectacle, explique pourquoi tu aimerais faire cette expérience.

☐ En équipe, inventez une chanson sur un air que vous connaissez. Enseignez-la aux autres élèves de la classe. Chantez-la à l'interphone de l'école et lors de vos randonnées et sorties.

Grand-maman est malade
Page 128

RAISONNEMENT – Questions à répondre à l'aide des idées du texte.

☐ Qui est Nona?

_____

☐ Pourquoi l'auteur du texte a-t-il de la peine?

_____

☐ Pourquoi Nona est-elle à l'hôpital? Quels étaient les symptômes ou les malaises de Nona?

_____

_____

☐ Écris vrai (**v**) ou faux (**f**).

a) Mon père a appelé le docteur. _____

b) La grand-mère va mourir. _____

c) Les bonnes pensées aident beaucoup. _____

d) Nona a une assez bonne santé. _____

e) Nona a mal au ventre. _____

f) L'auteur du journal a donné des fleurs à Nona. _____

☐ a) Quels cadeaux Nona a-t-elle reçus?

_____

_____

b) Quel cadeau est accroché au mur? Qui lui a donné?

_____

_____

COMMUNICATION – Questions à répondre à l'aide des idées du texte et des connaissances et expériences personnelles.

☐ Avec l'aide des illustrations et du texte, fais un plan à vol d'oiseau de la chambre d'hôpital de Nona. Nomme les objets.

☐ a) Est-ce que Nona sera complètement guérie lorsqu'elle reviendra à la maison? Qu'en penses-tu? Aura-t-elle encore besoin d'aide?

_____

_____

b) Qui pourra aider la grand-maman durant la journée quant les membres de la famille seront à l'école et au travail? Fais une liste des gens de ta région qui peuvent aider avec les soins des malades à domicile. Renseigne-toi à ce sujet en consultant Internet et le bottin téléphonique. Invite, si possible, une de ces personnes à venir vous parler des services disponibles.

☐ À ton avis, est-ce que le papa a eu raison d'appeler le 911? Explique ta réponse.

_____

_____

☐ As-tu déjà fait un séjour à l'hôpital? Décris ton séjour à l'hôpital. Parle-nous des soins que tu as reçus. Quelles sont les machines que tu as vues? Décris-les.

☐ Pourquoi selon toi, n'est-il pas permis aux enfants de visiter les malades très longtemps?

_____

_____

☐ Explique pourquoi ça sent les médicaments à l'hôpital?

_____

_____

☐ Appelles-tu tes grands-parents par des petits noms comme Nona? Explique ta réponse.

_____

☐ As-tu déjà pris des médicaments ou reçu une piqûre? Explique pourquoi. Donne tes impressions.

_____

_____

☐ a) Comment te sentirais-tu si la même situation arrivait à ta grand-maman?

_____

   b) Que lui apporterais-tu à l'hôpital pour lui faire plaisir?

_____

☐ Quel est le passage que tu aimes le moins dans le texte? Pourquoi?

_____

_____

_____

ORGANISATION DES IDÉES – Questions pour montrer la compréhension de l'organisation du texte.

☐ a) À quoi sert un journal personnel?

_____

   b) À qui l'enfant dit-il : «À plus tard!»?

_____

   c) Demain, qu'est-ce qu'il espère donner à son journal?

_____

☐ Comment sais-tu que ce texte est un journal personnel? Explique ta réponse.

_____

_____

☐ Remets les événements en ordre en les numérotant de 1 à 5.

_____ Je parle à Nona.

_____ Je lui donne un dessin.

_____ Je me rends à l'hôpital.

_____ Mon père appelle le 911.

_____ Je lui achète des fleurs.

☐ Comment appelle-t-on le groupe de mots (p. ex., *Cher journal,*) qu'on met avant de commencer à écrire dans le journal personnel?

Ce groupe de mots s'appelle :

☐ la date.

☐ la salutation.

☐ l'appel.

☐ Fais une ligne du temps présentant les jours dont il est question dans le journal. Commence avec dimanche après-midi.

Fais un dessin pour chaque étape de ta ligne du temps.

☐ En petit groupe, organise une chasse à l'adjectif qualificatif. Tous les élèves du groupe cherchent des adjectifs dans des livres. L'élève qui en trouve le plus dans une période de temps prédéterminée, gagne. Chaque élève indique si l'adjectif est au masculin ou au féminin, au pluriel ou au singulier et note le mot qu'il qualifie.

Exemple : Les **bonnes** pensées

bonnes : adjectif qualificatif, féminin pluriel, qualifie le nom pensées

☐ Complète les phrases à l'aide des mots suivants : poitrine, grand-maman, triste, malade, aime, ambulanciers

a) Nona est _____ ; elle a mal à la _____ .

b) Les _____ sont venus la chercher.

c) Je suis _____ parce que j'_____ ma _____ .

☐ Relie le pronom personnel au bon verbe.

Exemple : je _____ mange

Je   mangeons

Il   perdez

Nous   tricotes

Vous   arrête

Tu   chante

Elles   écoutent

Invente un exercice comme celui-ci et invite tes camarades à le faire.

☐ Lis les phrases suivantes : «Il y a une machine à côté de *son* lit.» et «Les ambulanciers *sont* venus la chercher.»

Dans les phrases ci-haut, on retrouve les homophones *son* et *sont*. Complète les phrases avec le bon homophone : *son* ou *sont*.

a) Les enfants _____ à l'école.

b) Donne-lui _____ jouet.

c) Les journées d'automne _____ souvent pluvieuses.

d) _____ ami lui a donné un cadeau.

☐ Change les phrases ci-dessous en phrases interrogatives en ajoutant «Est-ce que» ainsi que la bonne ponctuation.

a) J'ai fait ce que maman m'a dit.

_____

b) Nona va déjà mieux.

_____

c) Ils vont lui donner des médicaments ou des piqûres.

_____

☐ Sépare les mots en syllabes.

Exemple : am-bu-lan-ci-ers

enregistre : _____

contente : _____

médicaments : _____

☐ Complète les phrases à l'aide des mots de relation suivants :

de plus, ainsi, de cette façon, puis, mais

a) La machine enregistre les battements du cœur de grand-maman; on peut suivre _____ l'état de santé de son cœur.

b) J'ai apporté des fleurs à grand-maman, _____, je lui ai fait un beau dessin.

c) Les enfants peuvent visiter les malades, _____ ils ne peuvent pas rester longtemps.

d) Elle reviendra à la maison dans une semaine, _____ nous prendrons soin d'elle.

e) Les médecins vont lui donner des médicaments, _____ elle guérira plus vite.

ÉCRITURE (tâches ouvertes)

☐ Imagine qu'un membre de ta famille est malade : ta maman, ton papa, ta sœur, ton frère, un de tes grands-parents. Écris ce que tu ressens dans ton journal personnel.

☐ Pense à une autre façon de terminer l'histoire. Écris un nouveau texte dans le journal de l'enfant pour présenter cette fin.

☐ Prépare un petit arbre généalogique de ta famille qui inclut tes grands-parents.

☐ Imagine le texte que l'enfant écrira dans son journal personnel le 10 mai. Écris ce texte.

☐ Invente la recette d'un mets à préparer pour la grand-maman qui va sortir de l'hôpital.

COMMUNICATION ORALE (tâches ouvertes)

☐ Invite une personne âgée en classe et demande-lui de vous parler de sa vie d'enfant. Prépare à l'avance, en petit groupe, une série de questions. Exemples : Combien y avait-il d'enfants dans votre famille? Comment ça se passait à l'école, à la maison?

☐ Raconte une visite que tu as faite à l'hôpital.

☐ En équipe, préparez une petite chanson à chanter à Nona pour la rendre joyeuse et l'aider à guérir.

☐ En équipe, préparez une saynète à partir des événements présentés dans ce texte.

Vous devez préciser qui sont :

- les personnages
- ce qu'ils font (tous les événements en ordre chronologique)
- où les actions se passent (le lieu)
- les accessoires nécessaires (ambulance, machine, etc.).

La visite d'Alexandra
Pages 129 et 130

RAISONNEMENT – Questions à répondre à l'aide des idées du texte.

☐ Pourquoi la mère de l'auteure du journal était-elle tout énervée par la visite d'Alexandra?

_____

_____

☐ D'après les idées du texte que veut dire l'expression : «La cuisine est passée au peigne fin.»?

_____

☐ Quelle a été l'activité des filles, le samedi après-midi?

_____

☐ Que veut dire le mot **simuler** dans la phrase suivante : «On a des matelas de camping et on va **simuler** une expédition en forêt.»?

_____

COMMUNICATION – Questions à répondre à l'aide des idées du texte et des connaissances et expériences personnelles.

☐ D'après toi, comment se fait-il que la petite fille qui écrit dans son journal ne puisse pas se concentrer?

_____

_____

☐ Explique comment l'illustration représente bien une partie des événements qui se sont passés pendant la fin de semaine.

_____

_____

_____

☐ Quelles phrases du texte montrent qu'Alexandra est la meilleure amie de la personne qui écrit dans le journal personnel?

_____

_____

☐ Lorsqu'on est allergique aux arachides, pourquoi ne faut-il pas en manger?

_____

_____

☐ T'est-il déjà arrivé de vivre une expérience semblable (inviter quelqu'un à coucher)? Explique comment ton expérience était semblable et comment elle était différente.

_____

_____

_____

☐ Choisis le moment que tu as préféré parmi les événements de la fin de semaine. Dessine ce moment et explique ton choix.

_____

_____

ORGANISATION DES IDÉES – Questions pour montrer la compréhension de l'organisation du texte.

☐ Quel élément du journal personnel permet de savoir à quel moment le texte a été écrit? Explique ta réponse.

_____

_____

☐ Nomme tous les éléments du journal personnel que l'on peut aussi trouver dans une lettre.

_____

_____

☐ Coche (✓) les éléments qui font habituellement partie des caractéristiques du journal personnel.

_____ titre accrocheur

_____ idées personnelles et sentiments

_____ verbes à l'impératif ou à l'infinitif

_____ activités personnelles

_____ liste des ingrédients

_____ texte écrit à la première personnel (je)

_____ date

RESPECT DES CONVENTIONS LINGUISTIQUES — Questions pour montrer la compréhension des conventions linguistiques apprises.

☐ a) Lis les phrases ci-dessous et observe bien l'utilisation des homophones : *on* et *ont*.

– «*On* a fait un pique-nique et *on* a mangé beaucoup de croustilles.»

– «Plusieurs personnes *ont* une allergie aux arachides.»

b) Explique les règles qui permettent de distinguer quand on doit écrire **on** ou **ont**.

J'utilise _____ quand c'est le verbe *avoir* conjugué au présent de l'indicatif, à la 3ᵉ personne du pluriel.

J'utilise _____ quand c'est un pronom (remplace un nom), sujet d'un verbe.

☐ Trouve des mots de la même famille que les mots suivants :

Exemple : loger (logement, logis, logeable, logeur, logeuse)

allergie			
patiner			

☐ Trouve deux phrases écrites à la forme négative dans le journal personnel du 8 novembre et écris-les.

_____

_____

☐ Sépare les mots en syllabes, comme dans l'exemple.

Exemple : manger   man-ger

meilleure	
difficile	
allergique	
spirale	

ÉCRITURE (tâches ouvertes)

☐ Imagine que tu as planifié une magnifique fin de semaine avec ton meilleur ami ou ta meilleure amie. Un événement imprévu vous empêche de vous rencontrer. Écris une page dans ton journal personnel.

☐ Imagine que tu as eu une grosse dispute avec ton meilleur ami ou ta meilleure amie. Il ou elle ne veut plus te parler. Écris tes sentiments dans ton journal personnel.

☐ Fais une recherche dans Internet et dans d'autres ressources afin de te renseigner sur les allergies alimentaires, et tout particulièrement sur l'allergie aux arachides. Renseigne tes camarades sur les conséquences possibles des allergies alimentaires, etc.

☐ Fais un sondage auprès des élèves de la classe pour connaître les diverses allergies alimentaires des élèves. Inscris tes données dans un pictogramme ou diagramme. Présente le résultat de ton sondage. Quels aliments causent le plus d'allergies?

☐ Tu as passé une fin de semaine magnifique en compagnie de ton meilleur ami ou de ta meilleure amie. Exprime-lui tes sentiments dans une lettre d'amitié.

COMMUNICATION ORALE (tâches ouvertes)

☐ Fais une page couverture pour ton journal personnel, à l'aide de l'ordinateur. Cette page doit bien te représenter (tes préférences, etc.) Applique-toi, car tu devras la présenter aux élèves de la classe.

☐ Fabrique une marionnette. Présente à la classe les sentiments qu'elle vit, en utilisant une bonne intonation et un bon débit. Sujets possibles :

– Je me suis fait chicaner, et je ne suis pas coupable.

– Mon meilleur ami ou ma meilleure amie vient me visiter.

– Je pars en voyage.

– Je vais chez le dentiste.

– Etc.

☐ Raconte à ton groupe, une histoire effrayante... comme en camping.

Fiche de planification du dossier d'écriture

Je prépare la rédaction de mon journal personnel.

Date :	Formule d'appel :
Le _____	☐ Cher journal,
jour date mois année	☐ _____

Je réfléchis à ce que je veux écrire dans mon journal personnel.

Je note mes idées, mes sentiments et mes activités.

✓ Je transcris mes notes dans mon journal personnel.

✓ J'écris d'abord la date.

Mon correspondant
Page 131

RAISONNEMENT – Questions à répondre à l'aide des idées du texte.

☐ Comment se nomme celui qui a écrit la lettre? Explique où tu as trouvé l'information.

_____

_____

☐ Quels sont les goûts de Patrick?

_____

_____

☐ D'après l'information du texte, la photo-souvenir de Patrick est-elle très récente? Explique ta réponse.

_____

_____

☐ À quel endroit vit Patrick?

_____

☐ Qui est Kit-Kat?

_____

COMMUNICATION – Questions à répondre à l'aide des idées du texte et des connaissances et expériences personnelles.

☐ Qu'est-ce qu'un correspondant?

_____

_____

☐ Est-ce qu'il t'arrive d'écrire des lettres d'amitié? à qui écris-tu et pourquoi? Si tu n'écris jamais de lettres, aimerais-tu le faire et pourquoi?

☐ Décris ta famille (père, mère, frère, sœur) et donne les noms des divers membres.

_____

_____

_____

_____

☐ D'après l'information que tu as lue dans cette lettre, aimerais-tu correspondre avec Patrick? Pourquoi?

_____

_____

☐ As-tu une collection? Décris-la. Si tu en n'as pas, aimerais-tu en avoir une? Décris-la.

_____

_____

☐ Explique l'expression : *un rat de bibliothèque*. Utilise ton dictionnaire, si nécessaire.

_____

_____

ORGANISATION DES IDÉES – Questions pour montrer la compréhension de l'organisation du texte.

☐ Voici certains éléments d'une lettre d'amitié. Complète chacun à l'aide des informations contenues dans le texte *Mon correspondant*.

Salutation : _____

Signature : _____

Formule d'appel : _____

Date : _____

Lieu : _____

☐ Pourquoi, selon toi, doit-on signer les lettres qu'on écrit?

_____

☐ Pourquoi y a-t-il le nom d'une ville et la date au début de la lettre?

_____

RESPECT DES CONVENTIONS LINGUISTIQUES – Questions pour montrer la compréhension des conventions linguistiques apprises.

☐ Explique pourquoi Patrick utilise le point d'exclamation dans la phrase : «J'ai une collection de deux cents cartes de Pokémon!»

_____

_____

☐ Explique pourquoi Patrick utilise le point d'interrogation dans la phrase : «As-tu une collection?»

_____

☐ Trouve les mots du texte qui ont le son **en** comme dans **ven**dredi. Trouve le plus grand nombre possible de façons différentes d'écrire ce son. Écris tous ces mots dans un tableau comme celui ci-dessous.

Exemple :

en	vendredi, etc.
an	enseignante, etc.

☐ Transforme les phrases ci-dessous à la forme négative.

a) Je suis content de t'avoir comme correspondant.

_____

b) Je fais des échanges avec mes camarades.

_____

c) J'ai hâte de te connaître.

_____

☐ Dans le texte trouve :

– le nom d'une ville : _____

– le nom de six personnes : _____

_____

– le nom d'un animal : _____

ÉCRITURE (tâches ouvertes)

☐ Écris une lettre à ton meilleur ami ou à ta meilleure amie à l'occasion de son anniversaire. Que lui diras-tu? Quelles nouvelles lui communiqueras-tu au sujet de l'école, de la maison, etc.

☐ Écris une lettre à une personne que tu aimes beaucoup. Dis-lui pourquoi elle est spéciale à tes yeux.

☐ Écris un acrostiche à partir du nom d'un ami ou d'une amie. Offre-lui pour lui faire une surprise.

☐ En petit groupe, discute des bienfaits qu'une lettre d'amitié peut faire à la personne qui la reçoit. Fais un remue-méninges de toutes les occasions possibles où on peut écrire une lettre d'amitié.

☐ Présente ta collection aux élèves de la classe. Si tu n'as pas de collection, demande à quelqu'un de ton entourage qui en aurait une d'en faire la présentation aux élèves. Communique tes commentaires, tes impressions, à la suite de cette présentation.

☐ Présente ton correspondant ou ta correspondante à ton groupe. Décris cette personne : ses passe-temps, ses préférences. Si tu as des photos, apporte-les en classe pour agrémenter ta présentation. Si tu n'as pas de correspondant ou de correspondante, choisis de décrire une personne qui est spéciale pour toi : parent, frère, sœur, camarade, etc.

☐ Présente ton passe-temps ou ton sport préféré. Explique tes préférences.

RAISONNEMENT – Questions à répondre à l'aide des idées du texte.

☐ À qui Cloé envoie-t-elle cette lettre?

_____

☐ Nomme deux poissons énumérés dans le texte.

_____   _____

☐ Selon toi, que veut dire le mot *gluant* dans la phrase «C'est trop *gluant*.»?

_____

☐ Pourquoi Cloé a-t-elle hâte de prendre l'avion?

_____

_____

☐ À qui Cloé veut-elle envoyer une carte postale? _____

☐ Relie les groupes de mots pour créer des phrases qui sont vraies, selon l'histoire.

Cloé aime	prendre l'avion.
	voir les nuages.
Cloé a hâte de	les barbotes.
	toucher aux vers de terre.
Cloé n'aime pas	voir la Terre du haut du ciel.
	manger du poisson.

☐ Cloé n'a pas peur de prendre l'avion. Toi, y a-t-il des choses qui te font peur? Explique deux de tes peurs.

_____

_____

☐ L'illustration nous montre une petite fille et son papa portant des gilets de sauvetage. En quelles occasions doit-on porter un gilet de sauvetage? Explique ta réponse.

_____

_____

_____

☐ As-tu déjà écrit une lettre d'amitié ou reçu une lettre de quelqu'un? Raconte.

_____

_____

☐ Quelle est ta partie préférée dans ce texte? Pourquoi?

_____

_____

_____

ORGANISATION DES IDÉES – Questions pour montrer la compréhension de l'organisation du texte.

☐ Où habite Cloé? Où as-tu trouvé cette information?

_____

_____

☐ Ce texte est :

    ☐ une recette.

    ☐ une lettre d'amitié.

    ☐ un poème.

    ☐ une saynète.

LA PERLE

Nomme au moins trois éléments pour justifier ta réponse.

_____   _____   _____

☐ Dans une lettre, comment appelle-t-on la partie où

l'on signe son nom? _____

l'on écrit son texte? _____

RESPECT DES CONVENTIONS LINGUISTIQUES – Questions pour montrer la compréhension des conventions linguistiques apprises.

☐ Explique pourquoi il y a un point d'interrogation à la fin de la phrase : «Est-ce que tu as déjà pris l'avion, toi?»

_____

☐ Mets les phrases à la forme affirmative.

p. ex., *Je ne suis pas certain.*   *Je suis certain.*

a) Je n'ai pas vraiment peur.   _____

b) Je n'aime pas les vers de terre.   _____

☐ Ajoute la bonne ponctuation et les majuscules dans les phrases suivantes :

a) qui a pris ma canne à pêche je ne la trouve pas elle était dans la remise

_____

_____

b) est-ce que tu sais où se trouve ma canne à pêche

_____

_____

c) je l'ai cherchée dans la remise dans le garage dans le sous-sol et même dans le grenier

_____

_____

d) voilà je l'ai enfin trouvée

_____

_____

☐ Replace en ordre la date suivante :

29 / janvier / mercredi / Le / 2003

_____

ÉCRITURE (tâches ouvertes)

☐ Prépare des règles de sécurité à suivre lorsque l'on va à la pêche.

☐ Invente un ou plusieurs slogans pour vendre l'idée d'un voyage en Floride à tes parents.

☐ Imagine que tu es Émilie. Écris une lettre en réponse à celle de Cloé.

☐ En petit groupe, fais une recherche afin de dresser la liste des poissons d'eau douce des cours d'eau de ta région. Lesquels de ces poissons retrouve-t-on le plus? Lesquels sont les plus populaires auprès des pêcheurs et pêcheuses? Pourquoi?

☐ Illustre le cycle de vie du poisson à l'aide de schémas. Fais une présentation devant le groupe.

COMMUNICATION ORALE (tâches ouvertes)

☐ Raconte à tes camarades ce que tu vas faire pendant ton prochain congé scolaire.

☐ Décris une ou des activités que tu aimes faire avec ton papa ou ta maman.

☐ Consulte une agence de voyages par téléphone ou par courriel et informe-toi au sujet d'un voyage en avion. Choisis d'abord la ville de ta destination et trouve ensuite les renseignements suivants :

– l'avion ou les avions que tu devras prendre à partir de ta ville

– durée des vols

– coûts des vols

– etc.

126

RAISONNEMENT – Questions à répondre à l'aide des idées du texte.

☐ Qui a écrit ce texte? _____

☐ a) En regardant les illustrations, peux-tu prédire le contenu de ce texte? Écris ce que tu penses qu'il contient.

_____

_____

b) Après avoir lu le texte, explique si tes prédictions étaient bonnes.

_____

☐ a) Qu'est-il arrivé à Jean-Charles? Illustre cette partie du texte.

b) Quelle sera la principale conséquence de cet accident?

_____

_____

a) Qui est Georgette? _____

b) Que fait-elle durant la journée?

_____

_____

a) Quelle aventure est-il arrivé au père d'Alexandre? Explique ta réponse.

_____

_____

b) Quelle a été la réaction du père? de la mère? Illustre leur réaction.

a) Alexandre dit qu'il espère faire un voyage bientôt. Où ira-t-il?

_____

b) Avec qui Alexandre ira-t-il en voyage? _____

c) Qui a-t-il hâte de rencontrer? Écris les phrases du texte qui le prouvent.

_____

_____

_____

COMMUNICATION – Questions à répondre à l'aide des idées du texte et des connaissances et expériences personnelles.

☐ S'il t'arrivait un accident comme celui de Jean-Charles et que tu ne pouvais pas participer à une compétition importante, comment te sentirais-tu? Raconte.

_____

_____

_____

☐ Qu'aurait été ta réaction si Georgette avait fait ses besoins sur ta tête plutôt que sur celle du père d'Alexandre? Raconte ta réaction.

_____

_____

☐ Pourquoi Alexandre n'a-t-il pas signé son nom de famille au bas de sa lettre?

_____

☐ a) Selon toi, qui s'occupera de Georgette si la famille va en voyage?

_____

b) Dans ta ville, est-ce que l'on offre des services de garde pour animaux?

Renseigne-toi à l'aide d'Internet, du bottin téléphonique, des petites annonces dans le journal ou demande des informations aux gens autour de toi. Communique tes résultats au groupe-classe.

☐ Penses-tu que les illustrations représentent bien l'histoire? Explique ta réponse.

_____

_____

ORGANISATION DES IDÉES – Questions pour montrer la compréhension de l'organisation du texte.

☐ De quel type de texte s'agit-il? _____

☐ Trouve et recopie les éléments suivants :

_____ la signature : _____

_____ la formule d'appel : _____

_____ la date : _____

Mets les éléments en ordre tels qu'ils devraient apparaître.
Numérote-les de 1 à 3.

☐ Construis une ligne du temps pour démontrer tous les événements mentionnés dans le texte. Commence ta ligne avec le **mois** de la dernière rencontre des cousins.

RESPECT DES CONVENTIONS LINGUISTIQUES – Questions pour montrer la compréhension des conventions linguistiques apprises.

☐ Trouve dans le texte trois mots qui ont :

deux syllabes	trois syllabes	quatre syllabes

☐ Souligne tous les pronoms personnels dans les phrases ci-dessous. Dis quel nom chaque pronom remplace.

Exemple : Maurice mange une tarte aux pommes. **Il** aime beaucoup ce dessert.

Il : pronom personnel, remplace le nom Maurice.

a) Hier, Nathalie a donné un ourson à sa fille Leah. La fillette est contente car elle adore les toutous.

_____

b) Ce soir, Arlène sort avec sa sœur Nathalie; elles vont au cinéma.

_____

c)   Arlène mange vite et elle a mal au ventre.

_____

☐   Trouve dans les phrases ci-dessous tous les verbes du 1ᵉʳ groupe conjugués au présent de l'indicatif et analyse-les.

Exemple : Maurice **mange** une tarte aux pommes.

Mange : verbe manger, 1ᵉʳ groupe, indicatif présent, 2ᵉ personne du singulier, sujet : Maurice.

a)   Jean-Charles ne porte pas ses protège-coudes.

_____

_____

b)   Georgette grimpe sur la tête de mon père et elle fait ses besoins.

_____

_____

c)   Papa replace Georgette sur le toit et ensuite il prend une douche.

_____

_____

☐   Réunis deux idées en employant les mots suivants :

donc, de plus, de cette façon.

Exemple : J'étudie beaucoup. Je réussis en classe.

J'étudie beaucoup. **De cette façon**, je réussis en classe.

a)   Tu portes tes protège-coudes et tes protège-poignets. Tu risques moins de te blesser.

_____

b)   Jean est blessé. Il ne peut pas participer à la compétition de natation.

_____

c)   Leah est très intelligente. Elle est courageuse.

_____

☐ Lis la phrase suivante : «J'aimerais que grand-papa et grand-maman **organisent** une soirée spéciale «entre cousins», comme d'habitude.» Explique pourquoi le verbe «**organisent**» s'écrit ainsi.

_____

_____

☐ Dans ce texte, on utilise la majuscule pour trois raisons différentes. Explique ces trois raisons et donne des exemples pour chacune.

_____

_____

_____

ÉCRITURE (tâches ouvertes)

☐ Alexandre doit trouver quelqu'un qui s'occupera de son iguane lorsqu'il sera en voyage. Rédige la petite annonce qu'il fera publier dans le journal local.

☐ La période des vacances d'été approche à grands pas. Écris à un ou une camarade et raconte-lui tes projets pour cette période.

☐ Selon toi, que se passera-t-il lors de la soirée spéciale «entre cousins»? Rédige un court récit pour y raconter les événements vécus.

☐ Connais-tu bien les iguanes? Consulte Internet et d'autres ressources pour t'aider à mieux connaître Georgette et ses semblables

- Est-elle vivipare ou ovipare?
- De quelle famille d'animaux fait-elle partie?
- Quel est son poids?
- Quels sont les aliments qu'elle mange?
- Quel est le nom de sa maison?
- Quels soins doit-on lui donner?
- Quelles responsabilités a-t-on lorsqu'on possède un animal?
- Etc.

Mets le tout dans un tableau et présente-le aux élèves de ta classe.

☐ D'après tes idées et celles du texte, quel équipement est-il nécessaire de porter pour prévenir les accidents en patins à roues alignées?

Prépare une affiche pour inciter les jeunes à porter cet équipement lors de la pratique de ce sport.

☐ Quelles mesures de sécurité doit-on observer lorsqu'on fait du patin à roues alignées si on veut éviter les accidents? Rédige les règles de sécurité en lien avec la pratique de ce sport.

☐ Alexandre parle d'aller en voyage. D'après toi, quel moyen de transport utilisera-t-il? Pourquoi?

☐ Envoie un message secret à un ou une élève de la classe. Pourquoi ne pas organiser un concours parmi les élèves de ta classe? Qui sera le premier ou la première à trouver l'ami secret ou l'amie secrète? L'ami secret ou l'amie secrète doit donner quelques indices pour aider l'autre à le ou la découvrir.

☐ Imagine que tu es Jean-Charles. Réponds à la lettre du cousin Alexandre.

COMMUNICATION ORALE (tâches ouvertes)

☐ Alexandre nous raconte les faits concernant l'aventure de Georgette. D'après toi, quelle serait la version de Georgette à ce sujet? Prétends être Georgette. Fabrique un masque qui la représente et raconte l'aventure comme si c'était elle qui la racontait.

☐ Apporte à l'école une paire de patins à roues alignées et l'équipement de sécurité pour pratiquer ce sport. Fais-en une description en y nommant chacune des pièces.

☐ Alexandre nous parle de la compétition de natation à laquelle Jean-Charles voulait participer. Invite un ou une élève de ta classe ou de ton école qui participe à des compétitions de natation à vous parler de son entraînement, de ses victoires, etc. Afin de trouver cette personne, place une annonce à la radio scolaire ou une affiche dans l'école qui indique que tu es à la recherche d'une telle personne.

☐ Présente ton animal familier à la classe (son nom, son âge, la sorte d'animal, ce qu'il peut faire, etc.). Si tu n'as pas d'animal familier, parle de l'animal que tu aimerais avoir et dis pourquoi tu choisirais cet animal.

☐ En petit groupe, fabrique des masques et trouve des costumes afin d'interpréter l'aventure de Georgette et des membres de la famille d'Alexandre. Présentez votre petite saynète au groupe-classe.

Fiche de planification du dossier d'écriture

Je prépare la rédaction d'une lettre d'amitié.

Lieu : _____   Date : le _____

Formule d'appel

☐ Bonjour...   ☐ Cher...   ☐ Chère...   ☐ Chers...

☐ Salut...   ☐ Mon cher...   ☐ Ma chère...

MESSAGE

Salutation

☐ Amitié,   ☐ À bientôt,   ☐ Amicalement,   ☐ Ton ami,

☐ Ton amie,   ☐ Ton meilleur ami,   ☐ Ta meilleure amie,   ☐ _____

Signature

✓ J'organise les idées de mon message en paragraphes.

✓ Je soigne mon écriture ou j'utilise un traitement de texte.

✓ Je décore mon papier à lettres, si je le désire.

Petites annonces — Animaux

RAISONNEMENT – Questions à répondre à l'aide des idées du texte.

☐ De quelle catégorie d'animaux est-il question dans les petites annonces?

_____

☐ Quel âge ont les chatons de l'annonce? _____

☐ Décris Médor d'après les idées du texte. _____

_____

☐ Pourquoi la perruche est-elle à vendre? _____

_____

☐ Comment se nomme la propriétaire de la perruche? _____

☐ Pour quelle raison Médor doit-il se faire adopter?

_____

☐ À quelle race de chien appartient Médor? _____

COMMUNICATION – Questions à répondre à l'aide des idées du texte et des connaissances et expériences personnelles.

☐ Si tu avais à choisir un chaton parmi les cinq chatons de la première petite annonce, lequel choisirais-tu? Pourquoi?

_____

_____

☐ Si tu avais un animal et que pour une raison ou une autre, tu devais le donner ou le vendre, comment te sentirais-tu? Raconte.

_____

_____

☐ Crois-tu que se servir des petites annonces pour donner ou vendre un animal soit une bonne façon de le faire? Explique ta réponse.

_____

_____

☐ D'après tes connaissances, nomme des occasions où il pourrait être utile d'écrire des petites annonces.

_____

_____

ORGANISATION DES IDÉES – Questions pour montrer la compréhension de l'organisation du texte.

☐ Selon toi, pourquoi est-il nécessaire d'indiquer le numéro de téléphone dans une petite annonce?

_____

☐ Coche (✓) les éléments qu'il est important de retrouver dans une petite annonce.
   ☐ des ingrédients
   ☐ un titre
   ☐ un numéro de téléphone
   ☐ le but de l'annonce
   ☐ une courte description
   ☐ des rimes
   ☐ une adresse

☐ Remets les éléments de la petite annonce en ordre en les numérotant de 1 à 4.

_____ Téléphonez à Sarah au (901) 123-4567.

_____ Recherchons des jouets.

_____ Veux-tu aider un enfant malade?

_____ Ces jouets seront vendus pour ramasser des fonds pour soigner les enfants atteints de cancer.

☐ Écris les adjectifs qualificatifs au féminin. Utilise-les dans des phrases de ton choix. Prête attention aux majuscules et à la ponctuation.

a) jolis   _____

b) lourd   _____

c) bruns   _____

d) rayé   _____

☐ Pourquoi utilise-t-on des virgules dans la phrase suivante : «La vétérinaire a soigné deux chats, un chien, trois perruches, une mouffette et un chimpanzé.»?

_____

_____

☐ Trouve dans le texte tous les mots qui ont le son «ch» comme dans cheval. Écris-les.

_____

_____

☐ Écris tous les noms propres présents dans le texte. Pour chacun, dis pourquoi c'est un nom propre. (p. ex., Lucie – nom propre de personne)

_____

_____

_____

☐ Complète le texte à l'aide des bons articles :

un – une – des – l'– le – la – les.

Médor est _____ labrador noir. Il a _____ cou large et _____ grosses pattes

palmées. Il a _____ manières douces et aime _____ enfants. Il adore jouer

dans _____ eau.

ÉCRITURE (tâches ouvertes)

☐ Ton école organise une vente d'objets pour amasser de l'argent. Chaque élève doit apporter un objet et préparer une petite annonce pour décrire cet objet. Un livret des petites annonces sera envoyé à la maison avant la vente. Écris une petite annonce pour décrire ton objet. N'oublie pas de donner le coût de l'objet.

☐ Deviens publiciste et prépare une petite annonce pour promouvoir la vente d'un jouet. N'oublie pas, tu dois nommer l'objet, en faire une brève description, donner son coût et indiquer où appeler pour se le procurer ou obtenir plus de renseignements.

☐ Choisis un animal de ton choix et prépare une petite annonce. Décide si tu vendras, donneras ou mettras ton animal en pension. Fournis tous les éléments nécessaires à la rédaction d'une bonne annonce.

☐ Prépare la fiche descriptive d'un objet que tu aimerais vendre, donner ou échanger. Énumère les caractéristiques de cet objet et fournis-en les éléments les plus importants : couleur, taille, forme, utilités, détails spécifiques.

COMMUNICATION ORALE (tâches ouvertes)

☐ Lis les petites annonces d'un journal francophone. Trouve la petite annonce qui t'intéresse le plus et présente-la à ta classe. Dis pourquoi tu trouves cette annonce intéressante.

☐ Présente à la classe un objet que tu aimerais vendre, donner ou échanger. Décris cet objet et explique ton choix.

☐ Tu viens de lire l'annonce placée par André Plante. Tu aimerais bien adopter Médor, mais avant de le faire, tu désires connaître davantage la race des labradors. Fais une recherche et communique tes découvertes à la classe. Est-ce que Médor serait un bon choix pour toi? Explique ta réponse.

Petites annonces – Collections
Pages 135 et 136

RAISONNEMENT – Questions à répondre à l'aide des idées du texte.

☐ a) Par quel moyen de communication peux-tu rejoindre la personne qui a placé l'annonce des pièces de monnaie?

_____

b) Peux-tu rejoindre cette personne n'importe quand? Quand est-ce possible?

_____

☐ Dans l'annonce des pièces de monnaie, on a écrit «Urgent besoin...». Explique le sens de ces mots.

_____

_____

☐ Explique ce que Vladimir veut dire quand il parle de

a) «Je veux me défaire...» : _____

b) «... l'unité...» : _____

c) «... proposer un échange.» : _____

☐ Explique ce que Colin Masson veut dire dans son annonce quand il parle de

a) «cinquante **échantillons**» : _____

_____

b) «collection **unique** en son **genre**» : _____

_____

☐ Comment peut-on rejoindre Colin Masson? _____

COMMUNICATION – Questions à répondre à l'aide des idées du texte et des connaissances et expériences personnelles.

☐ À ton avis, la personne qui collectionne les pièces de monnaie est-elle un collectionneur sérieux ou une collectionneuse sérieuse? Explique ta réponse.

_____

_____

_____

☐ En petit groupe, fais un remue-méninges et dresse une liste de collections possibles. Laquelle t'intéresserais le plus? Pourquoi?

_____

_____

☐ Es-tu d'accord avec Colin Masson quand il dit que sa collection est «unique en son genre»? Explique ta réponse.

_____

_____

☐ a) Parmi les trois collections présentées dans les textes des petites annonces, laquelle aimerais-tu le plus posséder? Pourquoi?

_____

_____

b) Le moins posséder? Pourquoi?

_____

_____

☐ a) Comment peut-on rejoindre Colin Masson? _____

b) Pourquoi, selon toi, a-t-il choisi ce moyen de communication?

_____

ORGANISATION DES IDÉES – Questions pour montrer la compréhension de l'organisation du texte.

☐ Est-ce que les textes des trois annonces ont été rédigés clairement? Résume le but de chacune dans une courte phrase.

_____

_____

_____

☐ Dans l'annonce de Vladimir, qu'est-ce qui permettra aux personnes intéressées à sa collection de le rejoindre? _____

☐ Voici reproduite la petite annonce de Vladimir.

> Avez-vous une collection de timbres?
>
> Je veux me défaire de tous mes timbres. Vous pouvez les acheter à l'unité ou me proposer un échange. Faites vite pour obtenir la meilleure sélection. Pour plus d'informations, appelez Vladimir.

Compare le texte de cette annonce à celui du texte original. Tu remarqueras que certains détails ont été omis. Quels détails importants n'apparaissent pas? _____

_____

☐ Dans la phrase «Avez-vous une collection de timbres?», pourquoi utilise-t-on un point d'interrogation?

_____

☐ Trouve une phrase exclamative dans les textes des petites annonces. Écris-la.

_____

☐ Trouve dans les textes des petites annonces les noms que les pronoms personnels remplacent dans les phrases suivantes :

Exemple : «Marcel aime la pêche, mais **il** préfère la chasse.»
         Il remplace Marcel.

a) «**J**'aimerais trouver des cents...»

_____

b) «**Je** veux **me** défaire de tous mes timbres...»

_____

_____

c) «**Vous** pouvez **les** acheter... ou **me** proposer un échange.»

_____

_____

_____

d) «...envoyez-**moi** un message...»

_____

☐ Dans les textes des petites annonces, trouve tous les mots qui contiennent :

a) le son **è** _____
b) le son **é** _____

Souligne le son vedette dans chaque mot.

□ Lis attentivement les textes des trois petites annonces.

Relève tous les noms propres et mentionne pour chacun la sorte de noms propres.

Exemple : **Manitoba** : nom propre de lieu (province)
Julie : nom propre de personne

_____

_____

_____

_____

_____

ÉCRITURE (tâches ouvertes)

□ Écris une annonce pour vendre quelque chose et place-la dans le journal de l'école ou sur le tableau d'affichage.

□ Fais une liste des choses que tu pourrais vendre. Estime le montant d'argent que tu pourrais demander pour chaque article et calcule le total de tes gains.

□ Prépare la fiche descriptive d'une collection d'objets que tu possèdes ou aimerais posséder. Énumère les caractéristiques de cette collection et fournis-en les éléments les plus importants : couleur, taille, forme, nombre, utilités, détails spécifiques.

COMMUNICATION ORALE (tâches ouvertes)

□ Lis les petites annonces d'un journal francophone. Trouve la petite annonce qui t'intéresse le plus et présente-la à ta classe. Dis pourquoi tu trouves cette annonce intéressante.

□ Enregistre sur cassette audio des petites annonces provenant du journal local. Choisis celles que tu juges les plus inté-ressantes et présente-les à tes camarades. Explique tes choix.

□ Organise, avec tes camarades, une rencontre pour faire des échanges dans le but de compléter vos collections. Explique clairement tes choix.

Petites annonces sur un tableau d'affichage communautaire
Page 137

RAISONNEMENT – Questions à répondre à l'aide des idées du texte.

☐ Dans la première annonce, comment s'appelle la personne qui fait la vente de trottoir? _____

☐ Selon les annonces, si tu voulais t'informer au sujet du soccer, à quel endroit irais-tu? _____

☐ Les deux premières annonces mentionnent une date. Pourquoi la troisième n'en parle-t-elle pas?

_____

☐ Quel équipement désire-t-on vendre dans la troisième annonce? À qui cet équipement est-il destiné?_____

_____

COMMUNICATION – Questions à répondre à l'aide des idées du texte et des connaissances et expériences personnelles.

☐ As-tu déjà vu des tableaux d'affichage où il y a des annonces communautaires comme celles-ci? À quels endroits?

_____

_____

☐ Fais une liste de quelques articles que tu aimerais vendre. Explique tes choix.

_____

_____

_____

_____

☐ Nomme un article qui t'intéresse dans la vente de trottoir de Victor et explique pourquoi.

_____

_____

☐ Selon toi, pourquoi les gens achètent-ils les choses des autres?

_____

_____

☐ Selon toi, qu'est-ce qu'une _séance d'information_ (voir 2ᵉ annonce)?

_____

_____

☐ Selon toi, sur quel tableau d'affichage Victor aurait-il pu placer cette annonce? Pourquoi?

_____

_____

ORGANISATION DES IDÉES – Questions pour montrer la compréhension de l'organisation du texte.

☐ Coche (✓) la bonne réponse.

Les textes sont :

☐ des recettes.   ☐ des lettres.

☐ des petites annonces.   ☐ des saynètes.

☐ Quels renseignements sont absolument nécessaires dans une petite annonce pour vendre un produit? Pourquoi?

_____

_____

_____

☐ Pourquoi a-t-on indiqué l'heure dans la deuxième petite annonce?

_____

_____

☐ Dans une petite annonce, quel renseignement nous permet de trouver la personne qui vend un produit? Relève ce renseignement dans

la première annonce : _____

la troisième annonce : _____

RESPECT DES CONVENTIONS LINGUISTIQUES – Questions pour montrer la compréhension des conventions linguistiques apprises.

☐ Lis la phrase suivante : *Nous avons à vendre des jouets, des livres, une bicyclette, une raquette de tennis, des figurines et aussi une collection de timbres.*

Écris au singulier chaque nom qui est au pluriel et au pluriel chaque nom qui est au singulier. Utilise les bons articles devant les noms. P. ex., des jouets = un jouet

☐ Encercle le ou les petits mots que tu trouves dans les mots suivants :

communautaire   équipement

bellevue   tableau

bienvenue   information

☐ Observe les trois petites annonces et trouve les noms propres qui désignent :

– le nom d'une personne : _____

– le nom d'une rue : _____

– le nom d'une ville : _____

ÉCRITURE (tâches ouvertes)

☐ Prépare une petite annonce pour annoncer quelque chose que tu veux vendre. Assure-toi que tous les éléments essentiels apparaissent.

☐ En petit groupe, prépare une affiche pour annoncer une vente de trottoir organisée par ta classe pour amasser des fonds.

☐ Pense à un article ou à un équipement de sport que tu veux vendre, donner ou échanger. Prépare une petite annonce pour annoncer cet objet. Demande la permission pour afficher ton annonce au tableau d'affichage de la classe.

COMMUNICATION ORALE (tâches ouvertes)

☐ Fais un petit sondage pour connaître les loisirs ou les sports préférés des élèves. Communique tes résultats à la classe.

☐ Avec un ou une camarade, prépare une séance d'information pour renseigner les élèves au sujet d'une activité ou d'un événement qui aura lieu à l'école. Assure-toi que ton message est clair et qu'il renferme tous les détails importants : jour, endroit, heure, etc.

☐ En équipe, discutez des avantages et des désavantages d'utiliser les petites annonces pour acheter un produit. Présentez les résultats de votre discussion au groupe-classe.

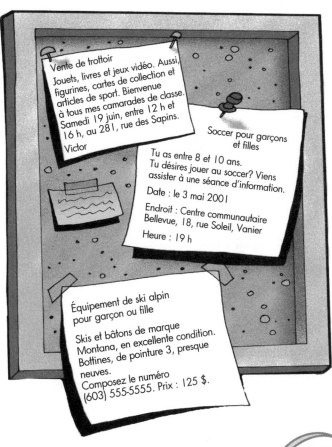

Fiche de planification du dossier d'écriture

Je prépare la rédaction d'une petite annonce.

But de ma petite annonce :

☐ vendre   ☐ informer

☐ donner   ☐ à la recherche de

☐ échanger   ☐ autre : _____

Je trouve un titre accrocheur :

Je note tous les éléments importants à inclure dans ma petite annonce : description (quantité, prix, grandeur), etc.

Je note la personne à contacter : _____

et les renseignements à fournir :

☐ numéro de téléphone

☐ adresse postale

☐ adresse de courrier électronique

☐ autre.

✓ Je rédige ma petite annonce en suivant mon plan.

✓ J'utilise

     ☐ des phrases courtes.

     ☐ un style télégraphique.

Recette

Fruits à l'orange avec sauce au caramel
Page 138

RAISONNEMENT – Questions à répondre à l'aide des idées du texte.

☐ Explique en tes propres mots ce que veut dire le mot **Ingrédients**.

_____

_____

☐ Y a-t-il plusieurs ingrédients liquides dans cette recette? Explique ta réponse.

_____

_____

☐ Pourrais-tu faire cette recette sans la **Méthode**? Explique ta réponse.

_____

_____

☐ Quels ingrédients doit-on chauffer dans cette recette? Pourquoi?

_____

_____

☐ Explique ce qu'est une cerise au **marasquin**. Utilise ton dictionnaire, si nécessaire.

_____

_____

☐ D'après l'information donnée, combien de personnes pourrait-on servir avec cette recette?

_____

COMMUNICATION – Questions à répondre à l'aide des idées du texte et des connaissances et expériences personnelles.

☐ Aimerais-tu manger ce dessert? Explique ta réponse.

_____

_____

☐ Selon toi, pourquoi suggère-t-on de placer un petit parasol en papier dans la salade, avant de la servir?

_____

_____

☐ En regardant l'illustration accompagnant le texte, est-ce que l'enfant semble apprécier cette recette? Comment le sais-tu?

_____

_____

☐ Cette recette présente un dessert «qui requiert peu de vaisselle». Es-tu de cet avis? Explique ta réponse.

_____

_____

☐ On présente cette recette comme un dessert d'été. D'après toi, peut-on faire ce dessert en une autre saison aussi? Explique ta réponse.

_____

_____

☐ Pourquoi crois-tu qu'il est important de réfrigérer ce dessert lorsqu'il est prêt?

_____

_____

☐ Nomme des petits fruits (autres que les fraises et les raisins) que l'on pourrait mettre dans cette recette.

_____

_____

ORGANISATION DES IDÉES – Questions pour montrer la compréhension de l'organisation du texte.

☐ Pourquoi place-t-on les ingrédients au début d'une recette?

_____

_____

☐ Explique pourquoi, il est nécessaire d'avoir une *méthode* ou une *marche à suivre* lorsque l'on fait une recette?

_____

_____

☐ Explique pourquoi on a utilisé les sous-titres : **Ingrédients** et **Méthode** dans cette recette.

_____

_____

RESPECT DES CONVENTIONS LINGUISTIQUES – Questions pour montrer la compréhension des conventions linguistiques apprises.

☐ Lis la partie de la recette intitulée **Méthode**. Relève tous les verbes à l'infinitif qui appartiennent au 1er groupe. Écris-les.

_____

_____

☐ Dans la recette, choisis trois verbes à l'infinitif qui appartiennent au 1er groupe. Utilise-les dans des phrases en respectant les consignes suivantes :

a) indicatif présent, 3e personne du singulier, phrase exclamative affirmative

_____

b) indicatif présent, 1re personne du pluriel, phrase déclarative à la forme négative

_____

c) indicatif présent, 2e personne du singulier, phrase interrogative affirmative

_____

☐ Explique pourquoi le mot **Ingrédients** est écrit au pluriel.

_____

☐ Trouve dans le texte, quatre mots dans lesquels on entend le son **o** comme dans **sauce**. Attention, les quatre mots doivent tous avoir une manière différente d'écrire le son **o**.

_____   _____

_____   _____

☐ Explique pourquoi on a mis des **virgules** entre les ingrédients suivants : fraises, raisins, etc.

_____

_____

☐ Utilise les articles **le, la, les** ou **l'** devant les noms ci-dessous. Ajoute un adjectif à chaque nom et fais les accords nécessaires.

P. ex., **les** raisins **rouges**

_____ cerise _____

_____ _____ feuille

_____ fraises _____

_____ orange _____

_____ caramels _____

_____ _____ fruits

ÉCRITURE (tâches ouvertes)

☐ Dans plusieurs livres d'histoire pour enfants, il est question d'une sorcière ou d'un sorcier qui fait une potion magique. C'est maintenant ton tour d'inventer une potion. Pense à un titre original qui nous donnera envie d'essayer ta potion magique.

☐ Décris ta recette préférée et présente-la aux élèves.

☐ Pense à une recette que tu aimerais partager avec tes camarades. Invente cette recette que tu pourrais intitulée : *La recette de l'amitié.*

☐ Fais un sondage auprès des élèves de la classe afin de découvrir le fruit le plus aimé et le moins aimé des élèves parmi une liste de dix fruits que tu auras choisis. Utilise un diagramme pour présenter les résultats.

COMMUNICATION ORALE (tâches ouvertes)

☐ Parle-nous de ta recette préférée. Décris-la.

☐ Votre enseignant ou enseignante vous demande d'apporter un plat à l'école pour un repas-partage. Prépare ta recette préférée afin de la faire découvrir à tes camarades. Lorsque tu auras goûté aux différents mets, discute de tes goûts et de ce que tu as aimé et moins aimé de cette expérience.

☐ Pense à un repas que tu as partagé avec ta famille ou avec des camarades et qui fait partie de tes beaux souvenirs. Raconte cet événement et explique pourquoi ce repas reste spécial pour toi dans ta mémoire.

☐ En petit groupe, composez un rap ou une chanson mettant en vedette les fruits. Choisissez un air connu ou composez un air de votre choix.

P. ex., Si tu aimes les fruits (air : *Si tu aimes le soleil...*)

Si tu aimes les **pommes**, frappe les mains, etc.

Si tu aimes les **bananes**, lève un pied, etc.

Enseignez votre chanson au groupe-classe.

De la crème glacée à l'eau de rose?
Pages 139 et 140

RAISONNEMENT – Questions à répondre à l'aide des idées du texte.

☐ Combien y a-t-il d'ingrédients dans la recette de la crème glacée à l'eau de rose? Quels sont-ils?

_____

_____

☐ Où peut-on acheter de l'eau de rose? _____

☐ Explique les mots en gras tirés des phrases du texte :

a) Ce soir, **épate** ta famille.

_____

b) Sers-lui de la crème glacée **exotique**.

_____

c) … **déguste** cette merveille.

_____

d) Ce dessert est riche et **irrésistible**!

_____

☐ En plus des ingrédients, de quoi a-t-on besoin pour réaliser cette recette?

_____

COMMUNICATION – Questions à répondre à l'aide des idées du texte et des connaissances et expériences personnelles.

☐ Selon toi, pourquoi a-t-on mis un point d'interrogation au titre de la recette?

_____

☐ Que penses-tu de cette recette de crème glacée parfumée à l'eau de rose? Penses-tu que ce sera bon? Pourquoi?

_____

_____

☐ Aimes-tu la crème glacée. Quelle sorte préfères-tu? _____

☐ Ajoute une ou deux étapes sur la sécurité que l'on aurait pu écrire avant les étapes de la marche à suivre.

_____

_____

☐ L'eau de rose est ajoutée à la crème glacée afin de la parfumer. Qu'est-ce qu'on pourrait mettre à la place de l'eau de rose qui ferait aussi une bonne crème glacée?_____

_____

ORGANISATION DES IDÉES – Questions pour montrer la compréhension de l'organisation du texte.

☐ Pourquoi a-t-on mis les numéros de 1 à 10 dans la marche à suivre de la recette?

_____

☐ Selon toi, pourquoi a-t-on mis des tirets au début de chaque ingrédient? P. ex., – *100 g de sucre blanc*

_____

☐ Nomme deux éléments que l'on retrouve dans la présentation de la plupart des recettes.

_____   _____

☐ Trouves-tu que le titre a été bien choisi? Explique ta réponse.

_____

155

☐ Coche (✓) les éléments qui, selon toi, devraient paraître dans une recette.

    ☐ date

    ☐ titre

    ☐ liste des personnages

    ☐ liste et quantité d'ingrédients

    ☐ marche à suivre selon un ordre

    ☐ idées, activités, sentiments personnels

    ☐ nombre de portions

    ☐ verbes à l'impératif ou à l'infinitif

    ☐ formule de salutation

    ☐ temps et durée de cuisson

    ☐ numéro de téléphone

    ☐ illustration du mets

RESPECT DES CONVENTIONS LINGUISTIQUES – Questions pour montrer la compréhension des conventions linguistiques apprises.

☐ Toutes les consignes de la marche à suivre commencent par un verbe : *Ajoute* du sucre, *mélange*, *verse*, etc.

Invente deux étapes commençant par un verbe du 1er groupe que tu pourrais ajouter dans la marche à suivre.

_____

_____

☐ a) Trouve le nom du verbe (infinitif) des verbes suivants :

    P. ex., verse = verser.

    Mélange   _____

    Lave   _____

    Ajoute   _____

    Fouette   _____

b) Utilise deux de ces verbes dans des phrases. Utilise la négation ne pas dans une phrase et l'expression est-ce que dans l'autre phrase Conjugue les deux verbes au présent.

_____

_____

☐ Dans la phrase «*L'eau de rose s'achète dans les magasins arabes, iraniens, turcs ou indiens.*» Pourquoi met-on des virgules entre les mots?

_____

_____

ÉCRITURE (tâches ouvertes)

☐ Invente une recette d'un dessert ou d'un plat principal pour ta famille.

☐ Rédige les étapes à suivre pour faire un sandwich au jambon.

☐ Invite les élèves de la classe à écrire leur recette préférée au traitement de texte. Rappelle-leur d'utiliser un titre accrocheur et de l'illustrer si possible. Rassemble ensuite toutes les recettes de façon à faire un recueil de recettes. N'oublie pas de créer une table des matières présentant le titre de chaque recette et le nom de l'élève qui l'a fournie. Regroupe les recettes par catégories : mets principaux, desserts, collations, etc.

COMMUNICATION ORALE (tâches ouvertes)

☐ Y a-t-il des repas ou des mets que tu prépares toi-même à la maison? Raconte.

☐ Parle de tes repas et desserts préférés. Explique tes préférences.

☐ Avec la permission de ton enseignant ou de ton enseignante, invite un chef cuisinier d'un restaurant de ta ville à venir vous parler de son métier. Avec ton groupe, prépare une série de questions à poser à la personne invitée. Assure-toi de formuler clairement chacune des questions.

Douze mini-pizzas
Page 141

RAISONNEMENT – Questions à répondre à l'aide des idées du texte.

☐ Quelle est la différence entre une pizza et une mini-pizza?

_____

☐ Quelles sortes de fromages retrouve-t-on parmi les ingrédients?

_____

☐ À quelle température doit-on faire cuire les mini-pizzas? Pour combien de minutes?

_____

☐ Que veulent dire les mots ci-dessous. Utilise ton dictionnaire, si nécessaire :

a) préchauffer _____

b) râpé _____

c) parsemer _____

d) recouvrir _____

e) émincée _____

f) saupoudrer _____

COMMUNICATION – Questions à répondre à l'aide des idées du texte et des connaissances et expériences personnelles.

☐ Dans cette recette de pizza, qu'est-ce qui remplace la pâte qu'on retrouve habituellement dans les pizzas? Que penses-tu de ce choix de «pâte»?

_____

_____

☐ On utilise de l'origan séché dans cette recette.

    a) Qu'est-ce que l'origan? À quoi sert-il?

    _____

    _____

    b) Qu'est-ce qui pourrait remplacer l'origan dans cette recette, si tu en avais pas à la maison?

    _____

☐ a) Quelle est la forme des mini-pizzas? Dessine la figure géométrique qui leur ressemble.

    b) Invente des pizzas de différentes formes géométriques et nomme les figures géométriques.

    c) Trouve l'axe de symétrie des différentes pizzas. Lesquelles sont symétriques et lesquelles sont asymétriques?

☐ a) Combien d'origan séché dois-tu mettre dans la recette? _____

    b) Qu'utiliseras-tu pour mesurer cette quantité? Une tasse ou une cuillère? Quelle sorte de cuillère? _____

☐ Quels autres ingrédients pourrais-tu ajouter aux mini-pizzas pour les rendre encore plus nourrissantes selon le *Guide alimentaire canadien*? Explique tes choix.

_____

_____

☐ Les étapes de la marche à suivre ont été mélangées Remets-les en ordre en les numérotant de 1 à 8.

_____ Préchauffer le four.

_____ Placer 3 tranches de pepperoni sur chaque muffin.

_____ Servir chaud.

_____ Saupoudrer de fromage parmesan.

_____ Parsemer d'ail et d'origan séché.

_____ Mettre au four 5 minutes.

_____ Étendre la pâte de tomates sur les muffins. Recouvrir de fromage râpé.

_____ Couper les muffins en deux.

Quel détail important a été oublié. Écris-le.

_____

☐ À quel moment doit-on préchauffer le four? Au début ou à la fin de la fabrication des pizzas? Pourquoi?

_____

_____

☐ Nomme les différents éléments qu'on peut retrouver dans une recette. D'habitude, dans une recette on retrouve les éléments suivants :

– _____

– _____

– _____

– _____

– _____

– _____

☐ Voici la liste des ingrédients de la recette des mini-pizzas. À chaque nom, ajoute un article approprié ainsi qu'un adjectif qui s'accorde en genre et en nombre avec le nom.

P. ex., **des grosses** tranches de pepperoni

_____ _____ tranches de pepperoni

_____ origan _____

_____ _____ gousse d'ail

_____ muffins _____

_____ _____ cannettes de pâte de tomates

_____ mozzarella _____

_____ fromage parmesan _____

RESPECT DES CONVENTIONS LINGUISTIQUES – Questions pour montrer la compréhension des conventions linguistiques apprises.

☐ Sépare les mots en syllabes. P. ex., «**sa-vou-rer**»

a) saupoudrer _____

b) tomates _____

c) diviser _____

d) chapeau _____

e) fromage _____

☐ Trace une ligne pour relier le pronom qui va avec le verbe.

a) je   étendons

b) tu   divise

c) elle/il   saupoudres

d) nous   place

e) vous   préchauffez

f) ils/elles   donnent

☐ Transforme chacune des phrases ci-dessous en phrase déclarative à la forme négative.

   a) Le soir, Marcel s'endort en rêvant à sa fête.

   _____

   b) Arlène a beaucoup voyagé en Chine.

   _____

   c) Daniel joue bien de la guitare.

   _____

ÉCRITURE (tâches ouvertes)

☐ Invente une recette de pizza végétarienne. Si tu ne sais pas ce qu'est un mets végétarien, cherche la définition dans le dictionnaire.

   Écris ta recette. N'oublie pas d'inscrire les sous-titres appropriés dans ta présentation. Si cela est possible, réalise, en petit groupe, cette pizza pour les élèves de la classe. Divise-la de façon à obtenir des portions égales pour tous les élèves.

☐ Écris une liste de choses à faire avant de débuter une recette et une liste de choses à faire après l'avoir faite.

☐ Fais une liste d'une dizaine de sortes de fromages.

   Fais un sondage auprès des élèves en leur présentant cette liste et en leur posant la question suivante : Quelle sorte de fromage préfères-tu?

   Place tes données dans un diagramme et présente tes résultats au groupe-classe.

☐ Consulte Internet et d'autres ressources afin de découvrir les diverses étapes de la fabrication du fromage. Présente le fruit de tes recherches à l'aide de dessins et schémas.

COMMUNICATION ORALE (tâches ouvertes)

☐ Avec un ou une camarade, choisis deux recettes de pizza et compare les ingrédients. Place tes réponses dans un diagramme de Venn.

☐ Fais un sondage dans la classe pour savoir combien d'élèves aiment différentes sortes de pizzas : la pizza au pepperoni, aux légumes, au jambon, etc. Fais un diagramme à bandes et discute des résultats avec les élèves de ta classe.

☐ Aimes-tu faire la cuisine ou aider tes parents à réaliser des recettes? Explique pourquoi.

☐ Avec un ou une camarade, prends connaissance de quelques livres de recettes. Trouve des recettes qui offrent des bons choix alimentaires pour des jeunes de ton âge. Explique tes choix.

Fiche de planification du dossier d'écriture

Je prépare la rédaction d'une recette.

Titre de ma recette :
J'écris les **ingrédients** nécessaires.
J'écris la **marche à suivre**. Je mets les étapes en ordre.
Nombre de portions : _____   Température du four : _____   Durée de cuisson : _____
J'illustre ma recette.

✓ Je rédige ma recette en suivant mon plan.

✓ Je rédige la **marche à suivre**, à l'aide de

    ☐ verbes à l'infinitif. (p. ex., Ajouter)

    ☐ verbes à l'impératif. (p. ex., Ajoute)

*Achevé d'imprimer en juin 2003
sur les presses du
Centre franco-ontarien de ressources pédagogiques.*